Conservatoire Impérial de Musique et de Déclamation

SOLFÉGES

DU

CONSERVATOIRE

DERNIÉRES LEÇONS

DE

L. CHERUBINI

VIIe LIVRE	VIIIe LIVRE

VIIe LIVRE
LEÇONS SUR TOUTES LES CLEFS
DANS
Tous les Tons, majeurs et mineurs
NET : **10** FR.

VIIIe LIVRE
LEÇONS PRÉPARATOIRES ET DE CONCOURS
AVEC
CHANGEMENTS DE CLEFS
NET : **10** FR.

Xe LIVRE
LEÇONS CÉLÈBRES DES VIIe ET VIIIe LIVRES, TRANSCRITES EN CLEF DE SOL
POUR MEZZO-SOPRANO OU TÉNOR
NET : **10** FR.

NOUVELLE ÉDITION AVEC TRANSPOSITIONS POUR LES JEUNES VOIX
Et Accompagnement de Piano ou Orgue d'après la basse chiffrée

PAR

ÉDOUARD BATISTE

PROFESSEUR DE SOLFÉGE INDIVIDUEL ET COLLECTIF AU CONSERVATOIRE
ORGANISTE DU GRAND ORGUE DE SAINT-EUSTACHE ET DIRECTEUR DE LA SOCIÉTÉ CHORALE DU CONSERVATOIRE

PARIS

AU MÉNESTREL, 2 BIS, RUE VIVIENNE

HEUGEL et Cie

ÉDITEURS DES SOLFÉGES ET MÉTHODES DU CONSERVATOIRE

1869

SOLFÉGES CLASSIQUES DU CONSERVATOIRE

DE

CHERUBINI, CATEL, MEHUL, GOSSEC, ETC.

PRÉFACE DES ÉDITEURS

La création incessante de nouveaux orphéons en France, l'enseignement du chant rendu obligatoire dans nos colléges et déjà si répandu dans nos séminaires et nos couvents, ne pouvaient manquer de motiver une réédition complète des grands solféges du Conservatoire.

Ces *célèbres Solféges* sont, avant tout, un cours complet d'exercices et de leçons du meilleur style, écrits en bonne musique, comme nos livres classiques le sont en bon français, et c'est là ce qui les rend indispensables à tous les élèves qui veulent réellement devenir *musiciens*, c'est-à-dire sentir et comprendre la musique. On peut apprendre à épeler, à lire, à écrire par toutes les méthodes, ainsi qu'on arrive à solfier ou à vocaliser par tous les systèmes d'enseignement; mais ce premier travail accompli, il importe de l'appliquer à de belles leçons bien écrites, purement accompagnées, afin d'acquérir dès le début le goût du beau et du bon. Apprendre la musique avec de bonne musique, c'est lire de bons livres, c'est élever immédiatement son organisation à la hauteur des *classiques*. Ce qui crée tant de mauvais musiciens, c'est la mauvaise musique dont on se sert trop volontiers pour l'enseignement du chant et du piano. Étudiez sur des solféges bien écrits, si simples qu'ils soient, un bon sentiment musical ne tardera pas à se former en vous. Ne travaillez, au contraire, que sur de la musique légère, et, quelque habile lecteur que vous puissiez devenir, vous risquez fort de n'être jamais qu'un médiocre musicien.

Voilà les raisons qui nous ont fait entreprendre une réédition si complète de toute la collection des exercices, leçons et solféges spécialement composés par des maîtres tels que CHERUBINI, MÉHUL, CATEL, GOSSEC, etc., pour servir de base à l'enseignement de la musique au Conservatoire. De pareils ouvrages ne sauraient disparaître de l'enseignement; ils en doivent rester les livres classiques, car ils s'appliquent à tous les systèmes, à toutes les méthodes. Les voici, d'ailleurs, améliorés et reproduits en deux éditions : l'une, grand format, *textuelle*, fidèlement regravée, telle qu'elle existait dans l'origine, avec la basse chiffrée; l'autre, format partition in-8°, rendue infiniment plus pratique par l'exacte réalisation en toutes notes des basses chiffrées pour piano ou orgue, la transposition des leçons trop élevées ou trop graves, l'addition de notes-facilité, qui en permettent l'exécution à toutes les voix, enfin par la suppression rendue possible, harmoniquement et mélodiquement, de certains passages du deuxième livre, trop fatigants pour les jeunes voix. Ces notables améliorations ont été accomplies sans aucune altération du texte par M. Éd. BATISTE, professeur de solfége individuel et collectif au Conservatoire, et l'accompagnateur, pendant vingt ans, des examens et des concours présidés par MM. CHERUBINI et AUBER. — M. Éd. BATISTE a donc les vraies traditions de ces solféges, dont il a su respecter l'ordre tonal primitif (lequel a sa raison d'être), tout en reclassant et en transcrivant un assez grand nombre de leçons sur les clefs de *sol* et de *fa*, généralement usitées de nos jours, même pour nos partitions de grand opéra, réduites au piano.

Toutefois dans un 6° volume in-8°, tout spécial, comme aussi dans les éditions grand format des *Solféges du Conservatoire*, éditions améliorées mais conservées dans leur intégrité, les élèves trouveront, avec tous ses développements, l'étude des clefs d'*ut*, que les derniers solféges de CHERUBINI, à changements de clefs, viennent compléter d'une manière si magistrale. Ces derniers solféges de CHERUBINI comprennent, en deux volumes (les 7° et 8° de la collection des solféges du Conservatoire), toutes les admirables leçons écrites par l'illustre professeur-compositeur comme leçons préparatoires et de concours, dans tous les tons majeurs et mineurs, sur toutes les clefs et à changements de clefs. Ces deux volumes sont publiés en grand format avec la basse chiffrée, et en format in-8° avec accompagnement de piano ou orgue, par M. Éd. BATISTE, qui a de plus réuni en un seul volume in-8° (le 10° de la collection), toutes les leçons célèbres des 7° et 8° livres transcrites pour mezzo-soprano ou ténor grave sur la seule clef de sol, avec accompagnement de piano ou orgue. — Le 10° volume des Solféges du Conservatoire, ainsi que les 11° et 12°, consacrés aux plus célèbres leçons des Solféges d'Italie, sont non-seulement d'incomparables solféges, mais aussi de précieux recueils de vocalises applicables au plus grand nombre de voix.

Puis il dépendra toujours du professeur de faire telles ou telles transpositions, selon la voix et les dispositions particulières de l'élève, comme il dépend aussi du professeur de préparer l'élève, par la méthode de ses préférences, à l'étude des *Grands Solféges du Conservatoire*. C'est dans ce but que M. Édouard BATISTE a écrit, pour les institutions dans lesquelles il professe et pour ses élèves de la *Société chorale du Conservatoire*, un *Petit Solfége préparatoire, théorique et pratique*, renfermant cent leçons mélodiques et progressives, précédées d'une exposition sommaire des principes de la musique et accompagnées de *cinquante tableaux-types*, *résumant toutes les difficultés élémentaires*, vocales ou rhythmiques de la lecture musicale. M. ÉDOUARD BATISTE a aussi publié, comme introduction aux Grands Solféges du Conservatoire (5° livre) et aux Traités d'Harmonie, d'accompagnement et de contrepoint de CATEL, DOURLEN et CHERUBINI, un petit Solfége harmonique divisé en trois livres et résumant pratiquement et théoriquement, par des exemples et des leçons à 2, 3 et 4 voix, tous les premiers éléments de l'harmonie.

Ces *Petits Solféges* mélodique et harmonique ne sont pas le couronnement de l'édifice, bien au contraire, mais ils sont la véritable clef des *Solféges du Conservatoire*, auxquels ils serviront de très-utile introduction, aussi nous empressons-nous de les signaler aux professeurs et aux élèves.

J. L. HEUGEL.

INSTRUCTION PRÉLIMINAIRE

(De l'édition primitive des Solféges du Conservatoire)

POUR LE DÉVELOPPEMENT ET LA CONSERVATION DE LA VOIX

Nous avons placé en tête des solféges du Conservatoire, comme premier livre, les principes élémentaires de la musique. Ces principes sont nécessaires à ceux qui ignorent entièrement cet art, et qui veulent le connaître (1).

L'instruction que nous donnons ici, et qui concerne spécialement les professeurs de solfége, leur trace la méthode qu'ils doivent suivre pour obtenir des résultats heureux dans la partie de l'enseignement qui leur est confiée. Il ne faut pas que ces professeurs se bornent à enseigner les principes de la musique. Ce n'est point assez que les élèves sachent lire et solfier couramment toutes sortes de solféges. S'il est important d'en faire, par ce moyen, des musiciens, il ne l'est pas moins de cultiver de bonne heure leurs dispositions naturelles, afin qu'un jour ils puissent être de bons chanteurs, ou jouer avec sentiment et goût d'un instrument quelconque, si la nature leur a refusé la voix.

En musique, les instruments chantent comme les voix. Les moyens seuls diffèrent; mais l'accent musical se trouve toujours chez l'artiste habile qui chante avec la voix ou le violon, avec le basson ou le hautbois. Supposons qu'une partie des élèves se destine au chant, et l'autre aux instruments. Si les chanteurs ont une bonne voix, si ceux qui jouent des instruments en ont une mauvaise ou une médiocre, il faut, qu'animé du même zèle et s'intéressant également à tous ses élèves, le professeur de solfége empêche, par ses instructions, les bonnes voix de se gâter, et les voix défectueuses de devenir plus mauvaises encore; mais surtout il doit donner indistinctement à tous les principes de goût, d'élégance et de grâce dont le style se compose, et d'où résulte l'accent musical.

C'est pendant les leçons du solfége, cette première étude de la musique, qu'on doit ébaucher le talent d'un élève, afin de le préparer à recevoir les dernières instructions qui viendront le perfectionner. Dès que l'élève aura surmonté les premières difficultés de l'école, il faudra le diriger d'après la méthode que nous allons indiquer. Si un élève, à qui la nature a accordé de l'intelligence, ne montre que peu de talent au sortir de l'école, c'est la faute du professeur de solfége. Toutes les difficultés et imperfections possibles ne doivent pas rebuter celui-ci, ni vaincre sa patience, ni éteindre l'amour-propre légitime qui naît en lui de l'intérêt qu'il prend à ses élèves et aux progrès qu'il leur verra faire, si dans son enseignement il suit la méthode qu'on va tracer.

1. Lorsque les élèves solfient ou vocalisent, il faut, par une attention continuelle, leur faire toujours émettre le volume entier de la voix, en les empêchant constamment de crier et d'attaquer les sons par saccades.

2. Il est important de choisir les solféges qui conviennent à la voix de chacun, c'est-à-dire d'éviter qu'ils soient trop hauts pour les voix bornées à l'aigu, ou trop bas pour les voix limitées au grave; mais comme on ne doit pas les exercer toujours sur les mêmes leçons, il sera nécessaire de transposer de temps en temps celles

(1) Ce premier livre des *Solféges du Conservatoire*, exclusivement consacré aux principes de musique, se trouve aujourd'hui remplacé ou complété par un *Petit Solfége théorique et pratique*, qui renferme tous les principes présentés d'une manière plus élémentaire et appliqués aux plus jeunes voix, au moyen de cent petites leçons progressives, précédées de 50 tableaux-types résumant toutes les difficultés vocales et rhythmiques de la lecture musicale. Cette indispensable introduction aux solféges du Conservatoire est due à M. Édouard Batiste, professeur de solfége individuel et collectif au Conservatoire, et directeur-professeur de la Société chorale du Conservatoire.

dont la mélodie dépasserait l'étendue de leur voix (1).

3. Dès que l'élève commence à se fatiguer, il faut qu'il cesse de chanter, de crainte que l'épuisement de ses forces ne nuise à ses moyens. On peut alors le faire solfier en nommant simplement les notes, mais toujours en mesure. On ne saurait assez recommander aux élèves de pratiquer chez eux cette manière de solfier, qui, d'ailleurs, est favorable au moment de la mue ; à cette époque, les élèves ne doivent former aucun son (2).

4. Il est essentiel d'accoutumer de bonne heure un élève à distinguer si le son qu'il entonne est trop haut ou trop bas, et de lui laisser, autant qu'il est possible, le soin de se corriger lui-même. Cette méthode est propre à former l'oreille.

5. Il faut faire sans cesse attention à ce que l'élève, en solfiant, articule et prononce distinctement chaque note. Ce soin ne sera pas perdu pour lui. L'articulation, l'exacte prononciation des notes amène la prononciation des paroles, si nécessaire au chanteur, si agréable à ceux qui l'écoutent.

6. Le maître doit former le goût de tous ses élèves, cultiver leurs voix, surtout la voix de ceux qui se destinent au chant. On leur donnera pour cela un aperçu de la manière d'employer la voix à l'égard d'un son prolongé autant et plus que la durée d'une mesure. On les fera chanter avec grâce, en liant légèrement les sons entre eux par ce qu'on appelle PORT DE VOIX, mais sans affectation, et d'une manière qui ne soit pas traînante. On leur enseignera, autant qu'il sera possible, tous les agréments du chant qui se rencontreront dans les solféges. Enfin on leur apprendra à phraser le chant et à nuancer les phrases.

7. Dans le son prolongé, on doit émettre la voix très-faiblement, en augmenter le volume par degrés jusqu'à la moitié de la valeur de la note, et le diminuer ensuite progressivement, de manière qu'à la fin il se trouve aussi faible qu'au commencement.

8. Quant aux moyens de porter les sons, c'est-à-dire de les lier ensemble, il faut, à l'égard de ceux qui montent ou descendent par degrés conjoints, ne jamais faire taire la voix en passant d'un son à un autre, à moins qu'il ne soit indiqué que les sons doivent être détachés.

Pour ceux qui montent ou descendent par intervalles, il faut entre eux une liaison fort légère, et qui anticipe, en quelque sorte, la note à laquelle on veut arriver.

Exemple :

Le MI double croche, dans la mesure où se trouve le port de voix, doit être détaché du MI blanche qui suit, et à peine articulé. Ce premier MI doit être prononcé sous le nom de SOL. La même remarque a lieu pour le second exemple.

9. De tous les agréments du chant, celui qui est le plus à la portée de l'élève, C'EST LA PETITE NOTE sur laquelle nous allons particulièrement fixer son attention. Les autres agréments demandent une étude à part, trop difficile, et prématurée pour des commençants. Toutefois, nous le répétons, il faut que les élèves exécutent aussi bien qu'ils le pourront, sans forcer leurs moyens, tous les agréments indiqués dans les solféges.

10. Pour bien exécuter la petite note, on doit y appuyer la voix, mais sans affectation. Lorsqu'elle est préparée, elle prend la moitié de la valeur de la note à laquelle elle est ajoutée. Dans le cas contraire, elle vaut moins que cette moitié. Elle est préparée quand la note qui la précède est à l'unisson avec elle. La distance de la petite note, lorsqu'elle est au-dessus de la grande, est tantôt d'un ton, tantôt d'un demi-ton. Mais lorsque la petite note est en dessous, sa distance de la suivante est ordinairement d'un demi-ton. Cette remarque est essentielle pour les élèves qui feraient la petite note sans qu'elle fût indiquée

11. Quoique les agréments du chant soient composés de petites notes, écrites ou supposées, et que l'on ajoute à la mesure, ils n'en augmentent pas la durée totale. Ainsi la valeur de chaque note, ajoutée comme ornement, est prise aux dépens de celle qui précède ou de celle qui suit, sans que la mesure doive jamais en être altérée. Il n'en est pas moins vrai que l'exécution de ces agréments doit participer du caractère du mouvement du morceau. Ainsi, dans un ADAGIO, un LARGO, un CANTABILE, ces agréments doivent être articulés avec la lenteur propre au caractère de ces mouvements, et il ne serait pas convenable de passer rapidement les petites notes ajoutées, comme il ne faudrait pas, même en conservant la mesure, exécuter ces mêmes notes avec lenteur

---

(1) C'est donc bien et dûment autorisés que nous avons agi. En effet, dans les nouvelles éditions in-8° des *Solféges du Conservatoire*, non-seulement M. ÉDOUARD BATISTE, l'accompagnateur habituel des examens et concours de solfége présidés par Cherubini, a réalisé, d'après la tradition, les basses chiffrées pour piano ou orgue ; mais il a transposé les leçons trop aiguës ou trop graves, indiqué de doubles notes pour les jeunes voix, et même placé de distance en distance, dans les premières leçons, des lettres A, B, précisant les passages où les voix trop courtes peuvent et doivent cesser de chanter. De plus, nous le répétons, le *Petit Solfége théorique et pratique*, de M. Édouard Batiste, est écrit en vue des plus jeunes voix.

(2) Les trois articles précédents renferment ce qui est nécessaire pour la conservation de la voix. C'est assez faire sentir aux professeurs la nécessité d'observer scrupuleusement ce qu'ils prescrivent.

mollesse dans les mouvements vifs de l'ALLEGRO
du PRESTO (1).

12. Lorsqu'on solfie, chaque agrément que l'on
ncontre doit être vocalisé ou articulé avec le
ul nom de la note à laquelle il est annexé. Il
faut ajouter aucun agrément, surtout point
port de voix, à la note qui commence une
çon, ni à toute autre note précédée de silences.

13. Relativement aux phrases de chant, et à
manière de les nuancer, il faut, avant tout,
iter de respirer souvent. Il est donc important
habituer les élèves à commencer et à terminer
e phrase avec une ou deux respirations; mais
l'on en rencontre qui excèdent les forces de l'é-
ve, il faut alors que le maître indique l'endroit
la phrase où il y a une chute d'harmonie ou
mélodie; c'est là que le chanteur doit respi-
r (2).

14. Pour nuancer les phrases de chant, et leur
nner du style et de la tournure, il est essentiel
marquer les temps forts de la mesure sur les-
els tombent toujours les bonnes notes d'un ac-
rd; une loi du chant, qui sert précisément à
ter du goût et de l'accent à la mélodie, enjoint
donner généralement aux sons qui montent
s de force qu'à ceux qui descendent, de ma-
re que si l'on a à parcourir une progression
s ou moins longue de sons ascendants, l'inten-

sité de la voix aille en augmentant de proche en
proche, sans pourtant *crier*, si ces sons se dirigent
vers l'aigu. Il faut de même diminuer la force
des sons dans une progression descendante, sans
cependant éteindre la voix de façon à ce qu'on
ne l'entende plus, si cette progression descend
beaucoup vers le grave.

15. Il faut accoutumer les élèves à distinguer
les phrases, à les bien sentir et à ne pas les ha-
cher. Nous invitons, par conséquent, les maîtres,
lorsque les élèves se tromperont, à *leur faire recommencer toujours la phrase entière*, au lieu de
reprendre une ou deux notes avant l'endroit où
ils se seront trompés. L'observation de cette règle
sert non-seulement à corriger les élèves, mais en
même temps à *former leur sentiment musical*,
relativement à l'enchaînement des pensées qui
composent les phrases (3).

La méthode que nous venons de tracer n'est
qu'un simple aperçu de ce qu'il y a de plus nécessaire, de plus propre à conserver la voix, à la
cultiver, et à former le goût. Ces notions élémentaires conviennent également et aux commençants et à ceux qui ont plus de connaissance de
l'art.

Tous les professeurs de solfége n'ont pas senti
l'importance de ces soins, ou ils ont négligé de
s'en occuper; c'est pour cette raison que nous
leur avons retracé les principes d'où dépend le
succès de l'enseignement. Un professeur trouvera
toujours bon qu'on lui rappelle sa responsabilité
en lui indiquant une méthode qui la diminue et
lui fasse atteindre sûrement le but de travaux
qui contribuent aux progrès de l'art même.

Les membres du Comité d'enseignement :

GOSSEC, MÉHUL, CHERUBINI. CATEL.

---

1) On trouvera dans les cinquante tableaux-types du
it *Solfége théorique et pratique*, de M. ÉDOUARD BA-
TE, un tableau spécialement consacré aux petites notes
s appoggiatures, simples ou doubles, grupetti, tril-
etc., etc.; les représentant avec leur effet réel *mesuré*
e manière générale mais non absolue. De plus, les
fesseurs et les élèves, en consultant la petite méthode
chant de Mme Cioti-Damoreau, expressément écrite pour
jeunes voix, trouveront là les indications les plus pré-
s sur l'art du chant appliqué au solfége, les exercices
plus élémentaires, et les plus complets cependant, sur
éveloppement progressif et la conservation de la voix.

2) Dans le *Petit Solfége théorique et pratique*, destiné
M. ÉDOUARD BATISTE aux plus jeunes voix, les respira-
s sont indiquées à de plus courts intervalles, afin de ne
t fatiguer les enfants. Et le professeur devra faire, dès
début, observer et sentir aux élèves la construction des
ases musicales qui se ponctuent, au moyen de respira-
s plus ou moins prolongées, tout comme les phrases
discours. Ainsi une phrase musicale de huit mesures,
pe la plus usitée,) peut se ponctuer le plus souvent par
virgule ou quart de respiration après la deuxième
sure, par un point et virgule ou demi-respiration après
quatrième mesure, par une seconde virgule ou quart de
piration après la sixième mesure, et enfin par un point
respiration entière après la huitième mesure qui ter-
e la phrase ou l'idée musicale? Et si, après cette hui-
e mesure, la phrase musicale laissait pressentir le
oin d'un développement immédiat, soit mélodiquement,
harmoniquement, les deux points trouveraient alors
r place toute naturelle.

(3) C'est ici le cas d'entrer dans quelques considérations
importantes sur la construction générale des phrases musicales. Le plus souvent elles se composent de huit ou seize
mesures, se divisant de quatre en quatre, et il est à remarquer que, le plus souvent aussi, la première idée musicale exposée dans les quatre ou huit premières mesures,
avec un sens plus ou moins suspensif, se reproduit ou se
développe comme second membre de la phrase avec un
sens complet pour conclure. Cette division de l'idée musicale est ce qu'on appelle, avec raison, le rhythme mélodique, et il importe d'en donner l'intelligence et le sentiment
aux élèves. Plus tard ils comprendront le rôle important
de l'harmonie et des modulations dans le discours musical,
et ils sentiront pourquoi, le grand principe d'unité tonale
exige qu'un morceau finisse dans le ton qui lui a servi de
début.

ATLAS DU PETIT SOLFÉGE MÉLODIQUE, THÉORIQUE ET PRATIQUE, D'ÉDOUARD BATISTE

INSTRUCTION GÉNÉRALE

Les exercices de mes tableaux, — qui dépassent le nombre de 600, avec un seul accompagnement par tableau de douze exercices, — devront d'abord être étudiés lentement, posément, en s'assurant bien de la justesse d'intonation, et en exigeant que l'intonation se soutienne bien régulièrement, sans s'élever ou s'abaisser pendant la durée de chaque note. Pour obtenir plus sûrement ce résultat, le piano (ou l'orgue), touché par un élève, à défaut du professeur, donnera sous chaque note l'accord indiqué, et toute la sonorité devra être conservée pendant la durée entière de la note. En chantant alternativement, avec et sans accompagnement, chaque exercice, on arrivera à un contrôle plus complet de l'intonation. Mais il faut éviter avec soin d'accompagner, soit au piano, soit au violon, par de simples notes doublant le chant. C'est enlever toute initiative à l'élève et lui fausser la voix d'une manière à peu près certaine, en le privant, de plus, du sentiment de l'harmonie.

Les respirations ont été multipliées dans les exercices des premiers tableaux, mais dès que les élèves le pourront, ils feront bien de les espacer davantage, en supprimant les virgules intermédiaires ; ces respirations intermédiaires ne représentant, d'ailleurs, que des quarts de respiration dans le chant mesuré, il faudra donc les prendre sans effort et d'une manière imperceptible à l'oreille.

Chacun de ces exercices ayant pour double but une difficulté vocale et une difficulté rhythmique, il sera indispensable de reposer fréquemment la voix de l'élève, en lui faisant battre la mesure et compter les valeurs de notes, sans chanter. Cette étude exclusivement rhythmique suivra l'étude purement vocale qui sera préalablement faite de chaque exercice, au moyen d'une baguette conductrice, indiquant les notes à chanter. Les valeurs de ces mêmes notes seront ensuite comptées à haute voix, tantôt par leurs temps, divisions et sous-divisions binaires et ternaires, tantôt par les noms mêmes des notes, articulés *en mesure*, mais sans chanter.

Ce n'est qu'après cette étude isolée, de l'intonation d'abord, de la mesure ensuite, qu'il faudra réunir intonation et rhythme, en frappant le temps fort de chaque mesure, soit du pied, soit de la main, ou d'une baguette, ce qui serait plus précis. Et lorsque chaque exercice, pris *isolément*, sera parfaitement su, le professeur devra diviser ses élèves en 2, 3 et 4 sections pour leur faire chanter *simultanément* 2, 3 et 4 exercices du même tableau. Cela les familiarisera avec les différentes combinaisons du rhythme et des intervalles, tout en les préparant à l'étude du *Petit Solfége harmonique*, qui m'a été demandé par les éditeurs des *Méthodes du Conservatoire* pour compléter mon *Petit Solfége mélodique* et l'Atlas de mes 50 Tableaux-types de lecture musicale.

Après l'étude isolée et simultanée des douze exercices de chaque tableau, on trouvera, dans mon *Petit Solfége*, des leçons qui fournissent l'application immédiate de ces exercices, et, à côté de ces leçons, un grand nombre d'indications théoriques et pratiques sur la manière de travailler les tableaux et les leçons.

Nous recommandons aux professeurs comme aux élèves l'observation rigoureuse de tous ces avis, en appelant l'expérience du professeur à les compléter. Si le bon professeur fait la bonne méthode d'enseignement, il ne faut point oublier que le bon élève fait aussi le bon professeur. Il faudra surtout ne se point presser d'arriver ; c'est le seul moyen d'arriver vite et bien. On ne devra donc passer à un nouveau tableau, à une nouvelle leçon, que lorsque l'élève sera parfaitement maître des exercices précédents, au double point de vue de l'intonation et du rhythme.

A l'intention des classes d'ensemble des collèges, des séminaires, des couvents, les éditeurs de cet *Atlas du Solfége* font spécialement imprimer des reproductions géantes de ces cinquante tableaux, de manière à permettre à cent élèves réunis leur lecture en commun. (Il importera de faire lire alternativement sur le tableau-géant et sur la petite édition, afin d'accoutumer les élèves, dès le début, à la lecture de la musique usuelle.) Cette étude simultanée, qui donne les plus heureux résultats sous le rapport de l'émulation, et qui développe plus rapidement la justesse d'intonation et le sentiment de la mesure, ne saurait cependant faire négliger l'étude isolée de chaque voix. Que d'élèves, prétendus remarquables dans un cours de solfége, seraient sans mérite réel livrés à eux-mêmes! C'est là ce qui ne doit pas être. Il faut diviser, subdiviser et même isoler les élèves, de manière à donner à chacun d'eux une valeur individuelle relative. Les uns reposeront les autres, et ceux qui écoutent bien profiteront même des fautes commises par leurs voisins. Ces examens isolés, ce contrôle incessant des élèves par les élèves eux-mêmes, sont les seules preuves pratiques des résultats obtenus sur chacun dans un cours d'ensemble. Ils tiendront en garde contre les succès trompeurs dont l'enseignement simultané ne fournit que trop de preuves.

ÉDOUARD BATISTE,

Professeur de Solfége individuel et collectif au Conservatoire, Organiste du grand orgue de Saint-Eustache, Directeur-professeur de la Société chorale du Conservatoire.

N. B. Pour ne point fatiguer les voix et reposer les élèves des exercices pratiques, il faudra les interroger fréquemment sur tous les éléments théoriques de ces cinquante tableaux et des cent leçons du PETIT SOLFÉGE. Il sera également indispensable, non-seulement de leur faire copier et transcrire dans différents tons un certain nombre de ces tableaux et leçons, mais de leur dicter à haute

est un moyen puissant de faire plus promptement des lecteurs. Pour précéder et compléter l'étude de mon *Petit Solfége harmonique*, et afin d'inspirer aux élèves le sentiment de l'harmonie, les leçons à deux et à trois voix ne devront pas être négligées, même au début, après l'étude des premiers tableaux et des premières leçons. Dans ce but et comme introduction progressive aux *grands Solféges d'ensemble* du CONSERVATOIRE, les professeurs pourront faire travailler les meilleures pages de recueils élémentaires, tels que les *Concerts de la jeunesse*, de Mlle ROBERT MAZEL; la *Bibliothèque chorale*, de GEORGES KASTNER; le *Concert à la pension*, d'AMÉDÉE ARNAUD; les *Chants du Ciel*, de A. TUYS; les *Chants de* FRANÇOIS STOEPEL; la *Distribution des prix*, de l'ABBÉ JOUVE; les *Fêtes bénies et Hymnes sacrés*, de LUIGI BORDÈSE; les *Prières quotidiennes*, de A. DE PELLAERT; la *Journée sainte*, de LAIR DE BEAUVAIS; les *Cantiques et Chants sacrés*, de J. CONSOL; enfin et particulièrement les morceaux de la PETITE ET GRANDE MAITRISE, qui initieront les élèves à la musique des maîtres. Ils trouveront aussi dans l'*Orphéon classique et populaire*, de LUIGI BORDÈSE, les transcriptions chorales, à trois et à quatre voix, des plus belles œuvres vocales et instrumentales de nos grands maîtres. Cette étude chorale, bien progressivement présentée, sera de plus une excellente préparation à la mise des paroles sous la musique, et à ce sujet le professeur devra exiger l'articulation bien nette, bien précise, de chaque syllabe, sans aucune exagération toutefois, c'est-à-dire sans contraction de la bouche, sans sifflement ni grasseyement. Il devra exiger aussi de chaque élève un son de voix toujours juste, toujours agréable, dans la force comme dans le *pianissimo*, et obtenir les nuances d'ensemble et de détail, de manière à préparer des chanteurs, tout en formant des lecteurs.

<table>
<tr><td>MÉDAILLE
DE
PREMIÈRE CLASSE</td><td># INTRODUCTION AUX SOLFÉGES DU CONSERVATOIRE</td><td>EXPOSITION
DE
1867</td></tr>
</table>

MON PETIT SOLFÉGE MÉLODIQUE

Commencé dans les plus modestes limites, mon *Petit Solfége mélodique* s'est fait grand sans rien perdre, je crois, de ses mérites élémentaires. Chaque leçon, chaque tableau m'a obligé à plus de développements que je ne l'avais d'abord prévu, et c'est aujourd'hui tout un cours de lecture musicale que ce PETIT SOLFÉGE. Les professeurs et les élèves ne s'en plaindront pas : ils y trouveront une introduction plus complète aux admirables solféges du Conservatoire, qui ont créé tant de compositeurs, de chanteurs et d'instrumentistes accomplis. C'est pour tenir la seule place de premier livre de ces solféges, exclusivement consacré aux principes de musique, que les éditeurs des *Méthodes du Conservatoire* m'ont chargé d'écrire ce petit ouvrage, où tous ces principes sont exposés d'une manière plus élémentaire, et appliqués à des leçons et à des tableaux-types résumant toutes les difficultés vocales et rhythmiques de l'ordre primaire, mises à la portée des plus jeunes voix.

Après cette étude préalable, les élèves pourront aborder sans difficulté les *Solféges du Conservatoire*, que je crois avoir rendus infiniment plus pratiques par la réalisation des basses chiffrées, pour piano ou orgue, la transposition des leçons trop élevées ou trop graves, l'adjonction de notes-facilité pour les voix courtes, et enfin par la suppression *ad libitum* de certains passages trop fatigants pour les jeunes voix. De plus, toutes les difficultés de ces grands solféges sont prévues dans mon *Petit Solfége théorique et pratique*, et je pense les avoir présentées dans un ordre progressif, aussi clair, aussi net, que pouvait l'indiquer une vieille expérience de l'enseignement, sans parti pris pour ou contre tel système, appelant à mon aide, au contraire, tous les éléments nouveaux qui m'ont paru constater un progrès.

De mon côté, j'ai l'espoir que les cinquante tableaux-types de mon petit solfége feront faire un grand pas à la lecture musicale, d'autant plus que ces tableaux s'appliquent aussi bien à l'enseignement collectif qu'à l'enseignement individuel, aux classes de nos lycées et séminaires qu'aux exercices de nos orphéons, et que, par leur utilité essentiellement pratique, ils me paraissent appelés à devenir l'atlas indispensable de tous les solféges comme de toutes les méthodes d'enseignement.

Dans cette prévision, ne m'est-il pas permis d'exposer ici quels peuvent être mes titres à la bienveillance générale que je sollicite en faveur de mes tableaux-types ?

Entré comme élève au Conservatoire en 1828, j'y obtins successivement les premiers prix de solfége, d'harmonie et accompagnement, de contrepoint et fugue, d'orgue; et, en 1840, disciple de notre maître si regretté, Halévy, le deuxième grand prix de composition musicale me fut décerné par l'Institut. Professeur agrégé et titulaire de solfége en 1837 et 1839, j'ai été appelé à diriger successivement les classes de solfége individuel et collectif du Conservatoire, où je fus nommé professeur de chant (enseignement simultané) en 1852. Depuis la création de cette classe et la fondation de la Société chorale du Conservatoire, plus de cinq mille élèves ont suivi mes cours et mérité de nombreuses récompenses.

Si je crois devoir insister sur ces titres à la confiance des professeurs, c'est que le choix d'une méthode élémentaire est chose des plus importantes sous l'apparence la moins grave. D'un bon début dépend souvent la vocation et l'avenir des élèves; il importe donc de savoir par qui ce PETIT SOLFÉGE est présenté à l'enseignement, afin de pouvoir apprécier la part de crédit que réellement il mérite. Notre illustre directeur du Conservatoire, M. Auber, en a bien voulu accepter l'hommage, et son non moins illustre prédécesseur avait bien voulu aussi m'agréer comme accompagnateur habituel des examens et des concours du Conservatoire, fonctions que j'ai remplies pendant vingt ans, non-seulement sous la direction de MM. Cherubini et Auber, mais aussi dans les classes de chant de Mme Damoreau, de MM. Bordogni, Banderali, Panseron, Galli et Kuhn.

Cette laborieuse expérience du professorat et de l'accompagnement explique pourquoi j'ai été appelé par les éditeurs des *Solféges du Conservatoire* à la réédition de ces célèbres solféges, ainsi qu'à la rédaction du *Petit Solfége théorique et pratique*, destiné à leur servir d'indispensable introduction.

Si l'approbation de mes honorables collègues du Conservatoire vient justifier la confiance de mes éditeurs, je serai doublement heureux de pouvoir partager avec eux l'honneur de contribuer, dans notre modeste mais importante sphère, au progrès de l'enseignement de la musique en France.

ED. BATISTE,

Professeur de Solfége individuel et collectif au Conservatoire, Organiste du grand orgue de Saint-Eustache Directeur-Professeur de la Société chorale du Conservatoire.

INTRODUCTION AUX GRANDS SOLFÉGES DU CONSERVATOIRE
50
TABLEAUX-TYPES RÉSUMANT LES DIFFICULTÉS VOCALES & RHYTHMIQUES
DE
LECTURE MUSICALE
ÉDITION GÉANTE
— Brevetés s. g. du g. —
POUR LES CLASSES D'ENSEMBLE DES ORPHÉONS, LYCÉES, SÉMINAIRES, ETC.
HEUGEL & Cie
ÉDITEURS-FOURNISSEURS
DU CONSERVATOIRE
Net : 100 francs
(APPAREIL COMPRIS)
AU MÉNESTREL
2 BIS — RUE VIVIENNE — 2 BIS
PARIS
Net : 100 francs
(APPAREIL COMPRIS)
Spécimen de la grosse Note.

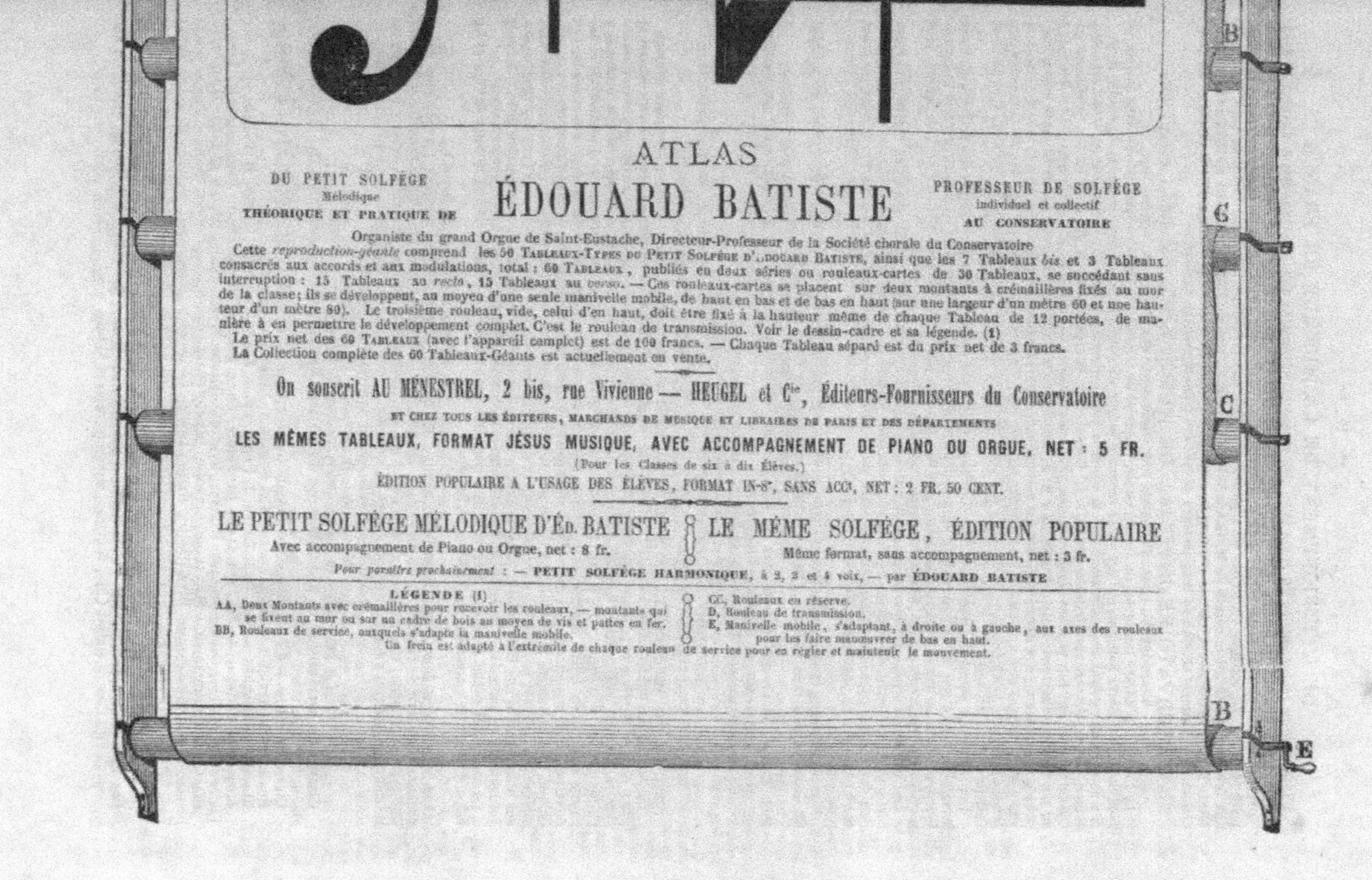

ATLAS

DU PETIT SOLFÉGE
Mélodique
THÉORIQUE ET PRATIQUE DE

ÉDOUARD BATISTE

PROFESSEUR DE SOLFÉGE
individuel et collectif
AU CONSERVATOIRE

Organiste du grand Orgue de Saint-Eustache, Directeur-Professeur de la Société chorale du Conservatoire

Cette reproduction-géante comprend les 50 TABLEAUX-TYPES DU PETIT SOLFÉGE D'ÉDOUARD BATISTE, ainsi que les 7 Tableaux bis et 3 Tableaux consacrés aux accords et aux modulations, total : 60 TABLEAUX, publiés en deux séries ou rouleaux-cartes de 30 Tableaux, se succédant sans interruption : 15 Tableaux au recto, 15 Tableaux au verso. — Ces rouleaux-cartes se placent sur deux montants à crémaillères fixés au mur de la classe; ils se développent, au moyen d'une seule manivelle mobile, de haut en bas et de bas en haut (sur une largeur d'un mètre 60 et une hauteur d'un mètre 80). Le troisième rouleau, vide, celui d'en haut, doit être fixé à la hauteur même de chaque Tableau de 12 portées, de manière à en permettre le développement complet. C'est le rouleau de transmission. Voir le dessin-cadre et sa légende. (1)

Le prix net des 60 TABLEAUX (avec l'appareil complet) est de 100 francs. — Chaque Tableau séparé est du prix net de 3 francs.

La Collection complète des 60 Tableaux-Géants est actuellement en vente.

On souscrit AU MÉNESTREL, 2 bis, rue Vivienne — HEUGEL et Cie, Éditeurs-Fournisseurs du Conservatoire

ET CHEZ TOUS LES ÉDITEURS, MARCHANDS DE MUSIQUE ET LIBRAIRES DE PARIS ET DES DÉPARTEMENTS

LES MÊMES TABLEAUX, FORMAT JÉSUS MUSIQUE, AVEC ACCOMPAGNEMENT DE PIANO OU ORGUE, NET : 5 FR.

(Pour les Classes de six à dix Élèves.)

ÉDITION POPULAIRE A L'USAGE DES ÉLÈVES, FORMAT IN-8°, SANS ACC¹, NET : 2 FR. 50 CENT.

LE PETIT SOLFÉGE MÉLODIQUE D'Éd. BATISTE   LE MÊME SOLFÉGE, ÉDITION POPULAIRE

Avec accompagnement de Piano ou Orgue, net : 8 fr.   Même format, sans accompagnement, net : 3 fr.

Pour paraître prochainement : — PETIT SOLFÉGE HARMONIQUE, à 2, 3 et 4 voix, — par ÉDOUARD BATISTE

LÉGENDE (1)

AA, Deux Montants avec crémaillères pour recevoir les rouleaux, — montants qui se fixent au mur ou sur un cadre de bois au moyen de vis et pattes en fer.
BB, Rouleaux de service, auxquels s'adapte la manivelle mobile.
CC, Rouleaux en réserve.
D, Rouleau de transmission.
E, Manivelle mobile, s'adaptant, à droite ou à gauche, aux axes des rouleaux pour les faire manœuvrer de bas en haut.

Un frein est adapté à l'extrémité de chaque rouleau de service pour en régler et maintenir le mouvement.

DE L'ENSEIGNEMENT DE LA MUSIQUE EN FRANCE

L'introduction réglementaire du chant dans nos lycées et séminaires, l'incessante création d'orphéons dans os départements, ont donné une telle impulsion à l'enseignement de la musique en France, qu'il n'est pas sans intérêt de reproduire les deux rapports du Comité des études du Conservatoire; le premier concernant la complète réédition des solféges classiques de Chérubini, Méhul, Catel, Gossec; le second relatif au petit solfége et aux tableaux de lecture musicale de M. Edouard Batiste, adoptés comme introduction aux solféges du Conservatoire. Tous les professeurs (classes réunies) se sont unanimement associés aux termes de ces rapports, en proclamant l'importance absolue de bons solféges en matière d'enseignement musical.

CONSERVATOIRE IMPÉRIAL DE MUSIQUE ET DE DÉCLAMATION

SOLFÉGES DU CONSERVATOIRE, PAR CHÉRUBINI, MÉHUL, CATEL, GOSSEC, ETC.

Le Comité des études musicales du Conservatoire Impérial de musique de Paris ne pouvait voir, sans intérêt, la réédition des célèbres Solféges, qui ont été et resteront la base de l'enseignement de la musique dans cette Ecole. Il a donc examiné dans ses moindres détails la nouvelle publication des Solféges de nos grands maîtres CHÉRUBINI, MÉHUL, CATEL, GOSSEC, etc., publiée par M. J. L. Heugel, avec le concours de M. Edouard Batiste, professeur au Conservatoire, qui fut, pendant longues années, l'accompagnateur des examens et des concours. Les traditions de ces Solféges classiques étaient familières à M. Edouard Batiste; il l'a prouvé dans sa remarquable réalisation, pour piano ou orgue, des basses chiffrées. Ce travail, exécuté avec autant de conscience que de talent, permettra aux élèves comme aux professeurs d'accompagner avec leur véritable harmonie les Solféges du Conservatoire, rendus aussi plus pratiques, plus progressifs, au moyen de transpositions et de doubles notes destinées à en faciliter l'étude à toutes les voix.

Les meilleures leçons des *Solféges d'Italie* ont trouvé leur place dans la nouvelle édition des Solféges du Conservatoire, car l'étude du solfége ne doit point se borner à former des lecteurs; elle doit aussi préparer des chanteurs, ainsi que le proclament avec tant d'autorité nos illustres maîtres CHÉRUBINI, MÉHUL, CATEL et GOSSEC, dans leur instruction préliminaire, pour le développement et la conservation de la voix.

Le Comité des études a remarqué que l'éditeur ne s'était point seulement préoccupé d'une nouvelle et très-correcte reproduction des Solféges du Conservatoire, mais que ses soins s'étaient également portés sur l'amélioration des éditions primitives, sans aucune modification des textes et basses chiffrées. Les jeunes artistes pourront donc comparer les deux éditions et faire une étude approfondie de la basse chiffrée, au point de vue de l'harmonie pratique.

En conséquence, le Comité des études approuve et adopte pour les classes la nouvelle reproduction des solféges du Conservatoire, dont l'éditeur a su conserver et améliorer les éditions primitives.

Signé : AUBER, de l'Institut, *Directeur du Conservatoire, Président;*
AMB. THOMAS, de l'Institut, professeur de composition; H. REBER, de l'Institut, professeur de composition; GEORGES KASTNER, de l'Institut; EMILE PERRIN, directeur de l'Opéra ; FRANÇOIS BAZIN, professeur d'harmonie et accompagnement; F. BENOIST, professeur d'orgue et d'improvisation.

DAUVERNÉ, PRUMIER, J.-B. WEKERLIN.

Le Commissaire impérial, EDOUARD MONNAIS.   *Le Secrétaire,* ALF. DE BEAUCHESNE.

INTRODUCTION AUX SOLFÉGES DU CONSERVATOIRE

PETIT SOLFÉGE THÉORIQUE ET PRATIQUE ET TABLEAUX DE LECTURE MUSICALE, DE M. ÉDOUARD BATISTE

Le comité des études musicales du Conservatoire Impérial de musique de Paris a examiné avec intérêt le *Petit Solfége théorique et pratique*, écrit par M. Edouard BATISTE, comme introduction aux *Solféges du Conservatoire.* Ce petit solfége et les tableaux de lecture musicale qui en sont l'atlas indispensable, bien que conçus à l'intention des plus jeunes voix et des classes tout à fait élémentaires, se font remarquer par des exercices et des leçons mélodiques d'une irréprochable facture, par des accompagnements intéressants et purement écrits. Les principes de la musique y sont soigneusement exposés; les gammes majeures et mineures, ainsi que les modulations, sont présentées et définies avec une grande clarté. Toutes les combinaisons rhythmiques des différentes mesures se trouvent développées dans les tableaux de M. Edouard Batiste avec un ordre et dans une progression qui témoignent d'une laborieuse et patiente expérience de l'enseignement. Enfin la reproduction (grand format) des tableaux en permettra l'introduction dans les classes d'ensemble des Orphéons, Lycées et Séminaires.

Le comité des études approuve donc, comme introduction aux Solféges du Conservatoire, le *Petit Solfége et les tableaux de lecture musicale* de M. Edouard BATISTE.

(Suivent les signatures ci-dessus.)

Les bons solféges étant d'une importance absolue en matière d'enseignement musical, les membres de la section de musique de l'Institut et les professeurs au Conservatoire, après avoir examiné la nouvelle édition des solféges de CHÉRUBINI, CATEL, GOSSEC, MÉHUL, ainsi que le petit solfége et les tableaux de lecture musicale de M. EDOUARD BATISTE, s'associent unanimement à l'approbation motivée du comité des études du Conservatoire.

Les Membres de la section de musique de l'Institut :
M. CARAFA. H. BERLIOZ. CH. GOUNOD.

Les Professeurs du Conservatoire Impérial de musique et de déclamation :

Classes de composition et d'harmonie. — MM. VICTOR MASSÉ, ELWART, E. GAUTIER, A. SAVARD, J. DUPRATO, Mⁿᵉ DUFRESNE.

Classes de chant. — MM. Ch. BATTAILLE, GIULIANI, GROSSET, LAGET, MASSET, PAULIN-LESPINASSE, RÉVIAL et VAUTHROT.

Déclamation lyrique. — MM. COULDERC, CH. DUVERNOY, LEVASSEUR et MOCKER.

Classes d'ensemble. — MM. JULES COHEN, J. PASDELOUP. — **Etude des rôles.** — MM. H. POTIER.

Classes de solféges. — MM. Noël ALKAN DANHAUSER, ÉMILE DURAND, H. DUVERNOY, ÉMILE GILLETTE, LEBEL, TARIOT, Mᵐᵉˢ BARLES, DOUMIC-ST-ANGE, HERSANT, MAUCORPS-DELSUC, MERCIÉ-PORTE, ROULLE et TARPET-LECLERCQ.

Classes instrumentales. — MM. ALARD, ANTHIOME BAILLOT (René), CHEVILLARD, COKKEN, CROHARÉ DANCLA (Ch.), DIEPPO, DORUS, FRANCHOMME, HERZ (Henri), KLOSÉ, LABRO, LE COUPPEY, MARMONTEL, MATHIAS, MASSART, MOHR, EUG. SAUZAY et TRIÉBERT; Mᵐᵉˢ FARRENC, JOUSSELIN, PHILIPPON-ROUGET DE LISLE et EMILE RETY.

Classes d'élèves militaires (annexées au Conservatoire.)
MM. ARBAN, FORESTIER, JONAS et AD. SAX.

Ont également approuvé: MM. VICTOR MAGNIEN, MÉRIEL, AUG. MOREL, ED. MOUZIN et BRESSLER, directeurs des succursales du Conservatoire: Lille, Toulouse, Marseille, Metz et Nantes.

SOLFÉGES CLASSIQUES DU CONSERVATOIRE

CHERUBINI, MÉHUL, CATEL, GOSSEC, ETC.

PETIT SOLFÉGE D'INTRODUCTION ET TABLEAUX DE LECTURE MUSICALE

DE

M. ÉDOUARD BATISTE

HEUGEL ET Cⁱᵉ
ÉDITEURS
France et Étranger

DEUX MÉDAILLES
(1ᵉʳ CLASSE)
Exposition Universelle 1867

(EXTRAITS DU JOURNAL LE MÉNESTREL)

Nous ne pouvons reproduire toutes les approbations qui nous parviennent de Paris et des départements, au sujet de la nouvelle édition des *Solféges classiques du Conservatoire*, de Cherubini, Méhul, Catel, Gos-ec, etc., du *Petit Solfége* et des *Tableaux-Types*, d'Edouard Batiste, destinés à leur servir d'introduction. Toutes ces approbations motivées témoignent de l'impulsion donnée à l'enseignement de la musique par la création incessante de nouveaux orphéons et l'arrêté ministériel qui prescrit l'étude des solféges dans nos lycées. Chacun comprend aujourd'hui l'importance de bons livres pratiques d'enseignement, et nos meilleurs professeurs s'empressent d'approuver la réimpression de solféges célèbres rendus infiniment plus pratiques et mis à la portée de toutes les voix. Voici comment s'exprime à cet égard M. Lebel, l'un de nos plus habiles professeurs du Conservatoire :

« C'est avec un vif intérêt que j'ai pris connaissance de la nouvelle édition des *Solféges du Conservatoire*, que je vous remercie de m'avoir envoyée. Les bons ouvrages classiques sont rares, et il serait à souhaiter qu'ils fussent dans toutes les mains ; aussi, en rééditant les excellentes leçons composées par les maîtres célèbres qui nous ont précédés, et dont nous devons nous efforcer de suivre les traces, en les rendant plus pratiques par la réalisation des basses chiffrées, en toutes notes pour piano ou orgue, par la transposition des leçons trop élevées ou trop graves, enfin par les améliorations en tout genre que vous y avez introduites, vous venez de rendre un véritable service à l'art musical sérieux. Quant à la partie qui est spécialement l'œuvre de M. Edouard Batiste, elle est telle que nous devions l'attendre d'un professeur si expérimenté. »

— Un autre très-habile collègue de MM. Ed. Batiste et Lebel, au Conservatoire, M. Henry Duvernoy, auteur lui-même de solféges remarquables et remarqués, nous adresse l'approbation suivante, qui témoigne d'un esprit d'abnégation des plus honorables :

« J'ai reçu l'envoi que vous avez bien voulu me faire de la nouvelle édition des *Solféges du Conservatoire*. Cet important travail, entrepris et mené à bonne fin par mon ancien condisciple et ami, M. Edouard Batiste, a droit à mes sincères éloges, et je les lui accorde de grand cœur et sans réserve. Parfait musicien, harmoniste habile, professeur d'un talent éprouvé et justement apprécié, mon très-honorable collègue avait assurément toutes les qualités requises pour se tirer avec honneur de la tâche difficile qu'il s'était imposée. Le succès a couronné ses louables efforts. Qu'il reçoive donc ici les compliments et les félicitations d'un camarade qui, lui-même, professeur au Conservatoire de Paris depuis vingt-six années et auteur de deux solféges accueillis avec faveur par tous les Conservatoires de France et de Belgique, sera toujours heureux de voir des artistes sérieux, jaloux de populariser et de

mettre à la portée de tous, les ouvrages des hommes qui ont été et resteront nos meilleurs guides et nos plus purs modèles. »

— M. A. Savard, auteur lui aussi, non-seulement d'excellents principes de musique approuvés par le Conservatoire, mais encore de deux excellents traités d'harmonie et de transposition, adresse également l'approbation que voici à M. Edouard Batiste :

« C'est avec un bien vif intérêt que j'ai pris connaissance de la nouvelle édition des *Solféges du Conservatoire*, à laquelle vous venez d'attacher votre nom ; je n'ai pas vu avec une moindre satisfaction le nouveau *Solfége* et l'*Atlas* dont vous êtes l'auteur, et qui sont destinés à servir d'introduction au premier ouvrage.

» Recevez mes bien sincères félicitations pour la manière dont vous vous êtes acquitté de la tâche importante et délicate qui vous avait été confiée par les éditeurs du *Ménestrel*. Pour la remplir dignement, il fallait posséder la science musicale, l'expérience de l'enseignement et les traditions des maîtres dont on rééditait les magnifiques leçons : à quel autre que vous pouvait-on mieux s'adresser ? Vous avez tenu ce qu'on était en droit d'attendre : réalisation correcte et élégante de l'harmonie chiffrée, transpositions judicieuses, variantes habilement ménagées pour la commodité des voix restreintes.

» Quant à votre *Petit Solfége* et à l'*Atlas* qui l'accompagne, on y retrouve l'expérience d'un professeur éprouvé et le talent d'un artiste formé à l'école de maîtres illustres. »

— Les collègues de M. Edouard Batiste au Conservatoire de Paris, MM. Emile Jonas, Emile Durand, Napoléon Alkan, s'empressent tous d'approuver la nouvelle édition des *Solféges classiques du Conservatoire*, ainsi que le *Petit Solfége* et les cinquante Tableaux d'Edouard Batiste, destinés à leur servir d'introduction. « Cette nouvelle édition des *Solféges du Conservatoire*, nous écrit M. Emile Jonas, fait revivre l'un des plus beaux monuments de l'art musical. » Voici la lettre qui nous est adressée au même sujet par M. Emile Durand :

« Je ne puis qu'applaudir à l'excellente idée que vous avez eue de rendre possible à *tous* l'étude des magnifiques *Solféges du Conservatoire*, en y faisant adapter un accompagnement de piano, et en n'employant pour le chant que les clefs de *sol* et de *fa*, presque exclusivement en usage de nos jours. Il était regrettable que les belles leçons de Cherubini, Catel, Méhul, etc., ne fussent connues que de quelques artistes. En les mettant à la portée des amateurs, vous rendez à la musique un véritable service. Mais il eût été bien fâcheux que l'édition sur toutes les clefs, avec basse chiffrée, fût détruite ; aussi vois-je avec plaisir que vous la conservez intacte, et pour ma part, je vous en remercie. Le *Petit Solfége* de Batiste atteint parfaitement le but qu'il se propose : *Servir d'introduction aux Solféges du Conservatoire*. J'y ai remarqué de très-bons exercices d'intonation et de rhythme, des leçons bien graduées ; le tout fait dans un ordre excellent. »

— M. F. Bazin, professeur d'harmonie au Conservatoire et directeur de l'Orphéon de Paris (rive gauche), nous adresse aussi les quelques lignes suivantes :

« J'ai reçu votre nouvelle édition des *Solféges du Conservatoire* que vous avez bien voulu m'adresser. C'est un véritable cadeau dont je vous remercie beaucoup. Ces solféges sont de petits chefs-d'œuvre. En les popularisant comme vous faites, vous rendez un véritable service à l'enseignement. »

— L'approbation de notre excellent professeur du Conservatoire, F. Lecouppey, se traduit par un fait pratique :

« J'adopte l'édition Batiste pour mes cours de la rue Séguier, où l'enseignement du solfége, si habilement dirigé par M. Augustin Savard, s'adresse à plus de cent cinquante élèves. C'est vous dire, en un mot, toute mon appréciation du *Solfége* d'Édouard Batiste, et de votre nouvelle édition des *Solféges du Conservatoire*. »

— Notre compositeur, M. J.-B. Wekerlin, qui s'occupe aussi beaucoup d'enseignement, et qui fait, à ce titre, partie du Comité des études du Conservatoire, nous adresse également ses félicitations :

« Si je ne vous ai pas encore félicité de votre nouvelle édition des *Solféges du Conservatoire*, c'est que je voulais préalablement parcourir avec attention tous ces volumes. La valeur réelle des solféges du Conservatoire de France est établie depuis près d'un demi-siècle, il est donc inutile d'insister sur leur mérite musical. Quant au *Petit Solfége* d'Edouard Batiste, les principes (texte) donnés de distance en distance et graduellement sont une disposition infiniment meilleure que celle de la généralité des méthodes où l'on accumule toute la théorie dans les premières pages... qu'on ne lit jamais, ou du moins rarement. M. Batiste, à propos de la mesure à *cinq temps*, donne des exemples du rhythme *trois temps* et *deux temps* ; il aurait pu en ajouter en rhythme de *deux temps* et *trois temps*, rhythme neuf et original que je ne me souviens pas d'avoir vu employé ; mais ce n'est pas une raison : il nous est bien permis de faire un petit pas en avant. Si aux 7me et 8me livres (solféges à changements de clefs de Cherubini) on pouvait ajouter les leçons que M. Auber a écrites depuis quelques années pour les concours du Conservatoire, ce serait un trésor de plus ; mais le Conservatoire voudra-t-il livrer ces petits chefs-d'œuvre, qui font tous les ans l'admiration du jury et le désespoir des concurrents ?

» Telle quelle, votre édition de solféges est, sans contredit, la plus complète qui existe, et il n'est pas probable qu'elle soit détrônée de longtemps. Je me suis amusé, amusé est le mot, à chanter au piano quelquesunes de ces charmantes leçons de Cherubini, Méhul et Gossec : c'est à donner envie de recommencer sa carrière musicale. »

— M. J.-J. Masset, professeur de chant au Conservatoire et directeur de l'enseignement de la musique à la Maison impériale de Saint-Denis, nous adresse aussi quelques lignes d'approbation que nous nous empressons de reproduire :

« Je vous prie d'agréer mes remerciments et mes félicitations. Rendre plus populaires les belles leçons de Cherubini avec un accompagnement plus accessible à tous qu'une basse chiffrée, est une heureuse idée. Le *Petit Solfége* de Batiste leur est une excellente introduction. Ses leçons élémentaires sont écrites avec le plus grand soin et dans des bornes vocales qui ne peuvent compromettre l'avenir des chanteurs. Je ne doute pas du succès de votre publication, et je ferai tout ce qui dépendra de moi pour y contribuer. »

— M. Goblin, dont le professorat a laissé de si bons souvenirs au Conservatoire, vient de faire adopter le *Petit Solfége*, d'Edouard Batiste, à sa classe du lycée Saint-Louis.

— M. Félix Clément, l'un de nos musiciens et musicographes distingués, qui dirige l'étude de la musique au collége Stanislas, nous adresse la lettre suivante :

« On ne pouvait rien imaginer de plus utile et de plus opportun que de renouveler nos solféges et nos méthodes de chant, soit en faisant revivre sous des formes mieux appropriées à nos usages les ouvrages didactiques des maîtres les plus justement honorés, soit en publiant des principes élémentaires et des exercices groupés dans un ordre judicieux, et de nature à rendre plus facile et plus claire la démonstration du professeur. C'était une tâche considérable qui demandait, chez l'éditeur, autant de hardiesse que de persévérance. Ces deux qualités ne vous ont jamais fait défaut, et le succès vous en a récompensé. Celui que vos solféges vont obtenir sera de tous le plus légitime. M. Batiste s'est acquitté en maître d'un travail dont tous les musiciens s'accorderont à louer la précision, la pureté et la délicatesse. Son *Petit Solfége* produira des lecteurs intrépides, et il est à désirer que toutes les écoles primaires soient dotées des grands tableaux de lecture si heureusement exécutés, et qu'ils remplacent les tableaux noirs qui exigent de la part du professeur un travail fastidieux de préparation dont le temps est pris sur l'heure de la leçon.

» Les solféges du Conservatoire ont toujours été réputés excellents, mais on les voyait rarement. La vénération dont on les entourait les protégeait contre les excès de la familiarité. Votre publication va faire cesser ce culte trop platonique, et ces belles leçons de Cherubini, de Méhul, de Gossec, de Catel, contribueront à fortifier les études et à améliorer le goût. C'est le monument le plus durable élevé à la mémoire de ces grands écrivains de la musique classique. »

— Nous recevons aussi de M. Nicou-Choron, compositeur et professeur à l'institution Notre-Dame d'Auteuil, l'approbation motivée que voici :

« J'ai examiné avec beaucoup d'intérêt l'excellente et commode édition que vous venez de faire des *Solféges du Conservatoire*, et je m'empresse de vous dire qu'elle me satisfait complètement.

» Les transcriptions, les suppressions de notes trop élevées ou trop graves, ramenant les leçons à une étendue commune aux voix ordinaires, ont été de la part de l'éditeur une préoccupation louable.

» L'*Atlas* et le *Petit Solfége* de M. Éd. Batiste étaient une introduction indispensable à l'ouvrage principal, et ce travail, on le voit tout de suite, a été conçu par un maître habile et fort expert dans l'enseignement. Peut-être nos devanciers dans le professorat, si versés dans la pratique de la *basse chiffrée*, souriraient-ils de nous voir dans l'obligation de renoncer à ce mode d'accompagnement pour y substituer celui écrit en *toutes notes* ; mais enfin, puisque cette partie de l'art est malheureusement délaissée de nos jours, nous devons encore des éloges à M. Batiste pour les soins qu'il a donnés à cette portion de son travail.

» Je me propose, sans renoncer à la *Méthode concertante* de Choron, à laquelle je suis fort attaché, comme vous devez le penser, de tirer bon parti de votre utile publication dans les classes que je dirige. »

M. Nicou-Choron n'est pas seul à regretter l'usage de la basse chiffrée, mais, à ce sujet, nous ferons remarquer aux musiciens qui veulent approfondir leur art que les deux éditions grand format et petit format des *Solféges du Conservatoire* leur offrent une étude comparée des plus intéressantes. Dans la grande édition, ils trouveront toutes les leçons avec leurs basses chiffrées, et, dans l'édition in-8°, la réalisation au piano de ces basses chiffrées. Il en est de même pour les leçons sur clefs d'*ut* transposées en clefs de *sol*, leçons qui font l'objet d'un volume in-8° spécial, réservé à toutes les clefs et aux changements de clefs.

— Mme Joseph Batta, chargée à la Maison impériale d'Écouen de la direction du chant, confiée à M. J.-J. Masset, à la Maison impériale de Saint-Denis, nous adresse son adhésion pleine et entière, non-seulement aux *Solféges classiques du Conservatoire*, mais aussi au *Petit Solfége* et à l'*Atlas des 50 Tableaux* d'Édouard Batiste.

— Voici l'adhésion motivée de M. Charles Dancla, chargé de la direction de la musique à l'importante institution de Vaugirard :

« Intéresser l'élève en l'instruisant doit toujours être le but de celui qui se propose d'écrire un solfége, une méthode ou un ouvrage quelconque destiné à l'enseignement. Ce petit préambule me mène tout naturellement à dire que je trouve les solféges que vous avez bien voulu m'adresser, instructifs et intéressants, et appelés indubitablement à rendre d'utiles services aux élèves, à ceux surtout qui voudront enfin comprendre qu'il faut commencer l'étude de la musique par le solfége, qui est la meilleure base d'une bonne éducation musicale. Les belles leçons de Cherubini, de Méhul, de Gossec et de Catel, ne manqueront pas de donner à l'élève le goût le plus pur et le plus élevé. Je vais annoncer votre publication à mon excellente sœur, la pianiste si distinguée qui occupe à Tarbes une position importante et comme virtuose et comme professeur. »

— Un amateur-artiste dans toute l'acception du mot, M. Édouard Rodrigues, l'un des membres actifs et dévoués de la commission municipale, fondée par M. le préfet de la Seine pour le progrès de l'enseignement dans les classes de l'Orphéon de Paris, nous adresse son approbation ainsi motivée : « J'ai parcouru avec un » très-vif intérêt les ouvrages que vous m'avez envoyés. » C'est une bonne et louable entreprise que la reproduc- » tion de nos *Solféges du Conservatoire*. C'est un ser- » vice rendu aux élèves que de leur présenter, avec » un accompagnement tout fait, des leçons mises à » la portée des voix *actuelles*, car, ou il faut reconnaître » que la manière d'exercer les voix s'est modifiée, ou » il faudrait avouer que nos plus grands maîtres, — » Cherubini, Italien de naissance et d'étude cepen- » dant, — se laissaient aller à demander aux voix plus » qu'elles ne pouvaient donner.

» J'approuve de tout mon cœur le second alinéa de » votre préface et je proclame bien haut avec vous que » ce n'est pas la musique qu'il faut apprendre, mais la » bonne musique, et j'ajouterais peut-être, si je ne » craignais de faire tort à quelques-uns de vos con- » frères, que plutôt que d'apprendre la mauvaise mu- » sique, il vaudrait mieux ne pas l'apprendre du tout. »

Nous ajouterons à cette approbation d'un musicien essentiellement pratique, bien qu'amateur, que la commission municipale d'enseignement de la musique a décidé que 400 volumes des *Solféges du Conservatoire* seraient donnés en prix, cette année 1866, aux élèves des classes de l'Orphéon. M. Gounod, l'ancien directeur de l'Orphéon de Paris, ainsi que MM. F. Bazin et Pasdeloup, les nouveaux directeurs (rive gauche et rive droite), font partie de cette commission qui témoigne, par des faits, on le voit, de sa résolution formelle de diriger l'enseignement populaire de la musique dans les sentiers classiques.

— Mme Dufresne, professeur d'harmonie au Conservatoire et l'accompagnatrice en titre des concours des classes de solfége, nous adresse l'approbation suivante :

« J'ai parcouru avec le plus vif intérêt votre nouvelle et remarquable édition des *Solféges classiques du Conservatoire*, mis à la portée de tous. L'accompagnement pour orgue ou piano offre, selon moi, un grand avantage aux jeunes professeurs, pour lesquels la réalisation prompte et correcte de la basse chiffrée est toujours une grande difficulté, quand elle n'est pas un obstacle.

« Faire l'analyse du consciencieux travail de M. Édouard Batiste, et lui adresser les éloges qu'il mérite, serait, monsieur, vous redire ce que mes collègues vous ont si bien exprimé. J'ajouterai seulement qu'après avoir pris connaissance du nouveau *Solfége théorique et pratique* de M. Édouard Batiste, ainsi que des tableaux contenant le développement de chaque difficulté, je crois rendre à mon tour un véritable service à l'enseignement en adoptant exclusivement cet excellent ouvrage pour mes cours de solfége particuliers, ainsi que pour ceux que je dirige au couvent des Dames de Sainte-Clotilde. »

— Voici l'attestation de Mme Maucorps-Delsuc, l'un des excellents professeurs agrégés de Solfége au Conservatoire :

« Recevez mes remercîments avec mes félicitations pour cette précieuse *Collection des Solféges* de nos grands maîtres, que vous avez eu l'excellente pensée de mettre à la portée de tous.

« Leur impression est excellente aussi, et la beauté des caractères est une amélioration qui sera appréciée des lecteurs.

« Veuillez féliciter M. Batiste de son consciencieux travail, et tout particulièrement sur la partie de son *Petit Solfége* qui traite des modulations ; la façon tout élémentaire, dont il présente cette difficulté de l'art musical sera vivement appréciée, et, pour ma part, je le remercie d'avoir songé à consacrer quelques leçons à cette partie si importante de l'enseignement. »

— Mme Tarpet-Leclercq, l'un de nos bons professeurs du Conservatoire, nous adresse également sa lettre d'approbation, qui se termine ainsi :

« C'était une tâche difficile, dont s'est acquitté M. Édouard Batiste en maître habile et en professeur consciencieux ; aussi le succès n'est pas douteux ; juste récompense d'un travail opiniâtre. »

— Mme C. Doumic-Saint-Ange, professeur au Conservatoire, approuve en ces termes la nouvelle édition des *Solféges classiques* de Cherubini, Méhul, Catel, Gossec, etc. :

« Si j'ai tardé à vous remercier du tout aimable envoi de vos solféges, monsieur, c'est que je voulais les avoir lus et fait lire, afin d'en pouvoir parler avec connaissance de cause. Aujourd'hui, j'ai pu apprécier l'excellent résultat que vous avez obtenu, grâce à toutes les améliorations de cette réimpression. Réduites à une étendue plus accessible aux voix peu formées, rajeunies par les heureux accompagnements de M. Batiste, ces leçons n'ont plus rien d'aride, pas même le format qui, autrefois, sentait l'école et presque le bouquin. Il semble que ce détail soit bien secondaire, et, cependant, il n'est pas douteux que ces gracieux petits volumes, tout semblables à des partitions, ne soient accueillis de bien meilleure grâce par les élèves. J'ai pu m'en convaincre déjà par moi-même ; aussi viens-je me joindre, monsieur, aux éloges que vous ont transmis tous les professeurs que vous avez mis à même d'apprécier cette œuvre remarquable. Je vous en renouvelle mes remercîments pour ma part, et vous prie d'agréer l'expression de ma considération la plus distinguée. »

— Mme Barles, élève de M. Édouard Batiste, aujourd'hui elle-même professeur au Conservatoire, sa collègue Mlle Hersant, et M. Tariot, doyen des professeurs de solfége du Conservatoire, chargé de la classe des internes, nous ont aussi adressé leurs félicitations et leurs remercîments.

— Dans nos départements, dans les succursales du Conservatoire, le même accueil a été fait à la réimpression des Solféges classiques du Conservatoire. Dès sa rentrée en fonctions, M. Auguste Morel, directeur du Conservatoire de Marseille, a adressé la lettre suivante aux éditeurs des Solféges du Conservatoire : « Recevez, messieurs, mes bien vifs et bien sincères remercîments pour le précieux envoi que vous avez bien voulu faire au Conservatoire de Marseille de votre collection in-8° des *Solféges du Conservatoire* (de Paris) avec accompagnement de piano ou d'orgue, ainsi que du *Petit Solfége théorique et pratique* et des 50 *Tableaux* de M. Edouard Batiste, professeur de Solfége individuel et collectif du Conservatoire de Paris.

« Vous avez eu une heureuse idée d'entreprendre cette publication avec les nombreuses améliorations qui y ont été introduites. Notre Conservatoire, qui a toujours placé en première ligne dans son enseignement les solféges classiques de Cherubini, Catel, Méhul, Gossec, ne pouvait manquer d'adopter votre nouvelle édition de ces admirables solféges, mis à la portée de toutes les voix et rendus infiniment plus pratiques, grâce à la réalisation, pour piano ou orgue, des basses chiffrées si remarquablement transcrites par M. Ed. Batiste; quant au *Petit Solfége* et aux 50 *Tableaux* de ce professeur, ils nous seront très-utiles pour nos classes élémentaires. C'est un complément indispensable de votre publication principale et une excellente introduction aux grands Solféges du Conservatoire. »

— L'honorable directeur du Conservatoire de Lille, M. Victor Magnien, a également adressé la lettre suivante aux éditeurs des Solféges du Conservatoire : « Je m'applaudis d'avoir pu, avant votre envoi, apprécier, à la suite d'un examen sérieux, le *Petit Solfége théorique et pratique* de M. Ed. Batiste, ouvrage que j'adopte, comme on vous l'a dit déjà, pour nos classes de solfége élémentaire, satisfait de pouvoir mettre entre les mains de nos jeunes professeurs un enseignement gradué et rationnel; ces deux qualités, abstraction faite des autres, renferment pour l'auteur un éloge qu'il mérite à plus d'un titre. Je ne félicite pas moins M. Ed. Batiste du travail auquel il s'est livré à l'égard des Solféges classiques du Conservatoire, dont les anciennes éditions sont depuis longtemps entre les mains de nos élèves. Les améliorations et la réalisation pour le piano, des basses chiffrées, ne pourront qu'être favorables aux voix et utiles aux solfégistes-pianistes. »

C'est M. Larsonneur, l'excellent professeur des classes d'adultes, qui a été chargé de l'introduction du *Petit Solfége* et des 50 *Tableaux* d'Edouard Batiste, au Conservatoire de Lille.

— MM. Paul Mériel, directeur du Conservatoire de Toulouse, et Ed. Mouzin, directeur du Conservatoire de Metz, viennent aussi de transmettre leur adhésion pleine et entière à la nouvelle édition des *Solféges du Conservatoire*, ainsi qu'aux *Petits Solféges et Tableaux de lecture musicale*, destinés à servir d'introduction aux grands Solféges de Cherubini, Méhul, Catel et Gossec.

Ainsi que les Conservatoires de Lille, Marseille, Toulouse et Metz, l'Ecole de musique communale de Cambrai, le Conservatoire de Strasbourg, directeur M. Hasselmans, et celui de Nantes, directeur M. Bressler, ont aussi adressé leur adhésion pleine et entière aux éditeurs des *Solféges du Conservatoire*. Voici la lettre d'approbation du directeur du Conservatoire de Nantes :

« J'ai tardé à vous accuser réception de votre envoi de Solféges, parce que je tenais à apprécier par moi-même tout le mérite du travail de M. Ed. Baptiste, et je ne puis vous le féliciter, par votre entremise, de la bonne graduation qu'il a apportée à son *Cours de Solfége*, des excellentes modifications de tonalité qu'il a fait subir à quelques-unes des leçons des solfége du Conservatoire, afin d'éviter aux voix toute fatigue, enfin de l'heureuse réduction des basses chiffrées en accompagnement de piano.

» Je n'hésite pas à adopter, pour les classes de solfége du Conservatoire de Nantes, un ouvrage excellent, que je crois appelé au plus grand succès; et vous prie de recevoir également mes sincères félicitations pour le luxe et la clarté de l'édition. »

— Les maisons religieuses d'éducation accueillent avec le même empressement la nouvelle édition des Solféges classiques du Conservatoire. M. Lecocq, professeur de chant au *Sacré-Cœur* et aux *Oiseaux*, nous adresse la lettre suivante :

« Permettez-moi de joindre mes félicitations à celles qui ne pourront manquer de vous parvenir au sujet de vos nouvelles éditions des *Solféges du Conservatoire*. Vous avez eu aussi une très-bonne pensée, monsieur, en les faisant précéder d'une première partie théorique, et M. Edouard Batiste, que vous avez choisi pour écrire cette introduction, s'en est acquitté en professeur expérimenté. Tout en limitant à l'accord de septième dominante le chapitre qui traite de l'harmonie, je crois que l'auteur aurait pu amener ses lecteurs à solfier une basse chiffrée sans le secours d'aucune réalisation ou accompagnement ; c'est à mon avis un résultat d'une nécessité trop absolue, surtout pour les chanteurs, pour que M. Edouard Batiste ne le tente pas *dans une seconde édition, qui ne peut tarder à se produire.* »

— M. l'abbé Leroyer, directeur du chant à l'institution ecclésiastique de Combrée, a bien voulu aussi nous adresser son approbation que voici :

« Notre excellent maître de musique, M. Collmann, vient de me mettre sous les yeux le *Petit Solfége théorique et pratique* de M. Ed. Batiste, ainsi que les cinquante tableaux-types que vous lui avez envoyés. J'ai parcouru les deux ouvrages avec le plus vif intérêt. A mon avis, ils méritent les plus vifs éloges. Je n'avais encore rien rencontré qui me parût plus propre à faciliter l'étude de la musique. Je ne suis pas surpris qu'on ait adopté le Solfége et les tableaux dans un grand nombre de Conservatoires. Pour mon compte, j'ai la ferme intention de l'adopter aussi pour les cours de chant donnés aux élèves de notre institution. »

— M. l'abbé Jouve, chanoine de Valence, qui se fait un devoir et un plaisir de répandre le goût de la bonne musique dans le midi de la France, nous adresse la lettre suivante, qui témoigne de connaissances toutes spéciales en matière d'enseignement de la musique :

« Veuillez agréer tous mes remercîments de l'important envoi que vous avez eu l'obligeance de me faire des deux jolis volumes du *Petit Solfége théorique et pratique*, avec le bel Atlas qui les accompagnait, de M. Ed. Batiste, professeur au Conservatoire et organiste de Saint-Eustache. Si j'ai tardé un peu de vous en accuser réception, c'est que j'ai voulu, par moi-même, me rendre compte du but, de la portée et des avantages de cette intéressante publication. Il m'a été facile, après examen, de reconnaître combien le *Petit Solfége* de M. Edouard Batiste était la véritable *clef* des célèbres solféges du Conservatoire, qui ont produit tant de grands compositeurs et de chanteurs illustres. On y remarque, en effet, l'ordre et la clarté dans la rédaction du texte, une heureuse et habile gradation dans les leçons notées qui servent à l'éclaircir, et un goût pur et sévère dans le choix des exemples. Comme vous en faites très bien vous-même l'observation, apprendre la musique avec de bonne musique, c'est lire de bons livres, c'est élever immédiatement son organisation à la hauteur des *classiques*, tandis que ne travailler que sur la musique médiocre ou légère, c'est s'exposer à n'être jamais qu'un médiocre musicien. Ce que je remarque encore dans le *Petit Solfége*, c'est l'accompagnement de piano adapté aux leçons, et surtout les exemples de modulations ou de passages d'un ton dans un autre, qui parlant aux yeux, font toucher au doigt la marche et le mécanisme de l'harmonie. La même réflexion s'applique aux *harmonies* de la gamme majeure et de la gamme mineure, et aux *intervalles majeurs, mineurs et justes*, dont M. Batiste donne également des exemples, de même que pour les *intervalles consonnants, attractifs et dissonnants*. Ces exemples offrent surtout l'avantage de dégager l'enseignement de la musique de l'empirisme de la routine, en montrant aux yeux en même temps qu'à l'esprit la raison d'être, en un mot, la *philosophie de l'art*, dans ses principales conditions, la mélodie de l'harmonie. Je ne parle pas de l'ampleur, de l'élégance et de la netteté de l'exécution typographique, qui distinguent toutes les publications du *Ménestrel* et qui brillent particulièrement dans celle-ci.

» C'est vous dire assez, qu'à tous égards, je la recommanderai et la propagerai autant qu'il dépendra de moi. Veuillez communiquer ces quelques lignes à l'artiste éminent et si connu qui y a attaché son nom; il a bien mérité d'un art que nous aimons tous, car cet art est aussi noble et aussi moral qu'il est touchant et divin. »

— Les bons solféges sont d'une telle importance en matière d'enseignement musical que nous n'hésitons pas à publier la nouvelle adhésion que voici, si consciencieusement et si pratiquement motivée, du petit solfége et des tableaux de lecture musicale d'Édouard Batiste.

« Dès que j'ai eu pris connaissance du solfége et de l'atlas de M. Édouard Batiste, il m'est arrivé ce qui arrivera probablement à tous les artistes intelligents qui les connaîtront : j'ai été pris du désir de les adopter pour ma classe de la maîtrise. Quinze ans de professorat m'ont mis dans la nécessité de connaître bien des solféges et méthodes de musique vocale. J'ai essayé six ou sept ouvrages, et j'en étais arrivé à me dire : l'un vaut l'autre; celui-ci a des inconvénients, celui-là en a d'autres, et, en somme, j'avais fini par les mettre tous de côté prenant pour solfége un recueil de motets et de messes où j'établissais un certain ordre méthodique et une progression dans les difficultés. Depuis que j'ai reçu le solfége de M. Batiste, je ne dis plus : l'un vaut l'autre; mais celui-ci vaut mieux que tous les autres à lui seul. Voici ce qui, selon moi, lui donne une supériorité réelle sur tous ceux que je connais : 1° la combinaison du solfége avec l'atlas, les tableaux de cet atlas préparant toutes les difficultés d'intonation ou de rhythme qui se rencontrent dans la leçon du solfége; 2° la valeur musicale de toutes les leçons qui se chantent avec plaisir, car l'on sent qu'une main habile les a écrites, et dans un diapason commode à toutes les voix (de plus, elles ne sont pas d'un rhythme tellement compliqué que l'élève ne puisse les retenir après deux ou trois auditions et les chanter de mémoire); 3° enfin les termes clairs et précis de toutes les notions nécessaires pour savoir lire la musique et commencer à chanter. Voilà, en résumé, ce qui me fait préférer à tous les autres le solfége de M. Batiste.

L'ABBÉ PLY,

Maître de chapelle de la cathédrale de Soissons.

— Le Petit Solfége de M. Édouard Batiste, et ses tableaux de lecture musicale, sont, du reste, chaque jour, l'objet de nouvelles adhésions de la part des professeurs les plus compétents de la France et de l'étranger. Entre toutes celle que nous avons sous les yeux, citons celles d'un musicien pratique qui a fait ses preuves. Voici ce qu'écrit M. Vincent Grégori à M. Édouard Batiste, en date du 2 juin :

» J'ai pu voir, en parcourant votre Solfége, quel talent et quelle habileté y avaient été déployés. J'ai vu cien des solféges, et j'avoue que le vôtre est de beaucoup supérieur à tous ceux que j'ai employés jusqu'ici. Les exercices les plus arides, les plus stériles dans d'autres solféges, sont rendus *mélodieux* et *harmonieux* dans le vôtre.

» Les théories sont émises avec une clarté et une précision si grandes, que l'élève le plus étourdi ne pourra s'empêcher de les comprendre à la première lecture. L'accompagnement des exercices est d'une richesse d'harmonie peu commune, et que je suis à même d'apprécier à sa juste valeur, étant élève d'Asioli et du Conservatoire de Milan, où j'ai eu le premier prix de composition musicale.

» J'ai pu me rendre compte de la combinaison et du rapport de vos tableaux avec le Solfége, et j'ai vu qu'il était difficile de prendre l'un sans l'autre. Aussi ai-je appuyé près de l'administration autant qu'il était en mon pouvoir, et j'espère qu'elle ne reculera pas devant la dépense de cette double bonne acquisition. Quant à moi, désormais je n'enseignerai plus que par votre méthode, et je la répandrai dans toutes les écoles où le solfége sera pratiqué. »

— Un organiste-compositeur de talent, M. Ch. Collin, qui s'est dévoué à l'enseignement de la musique en Bretagne, nous écrit :

« Je vous remercie de m'avoir adressé le *Solfége préparatoire* de M. Batiste : rien n'est mieux fait et mieux combiné pour les jeunes voix que ce travail, qui fait le plus grand honneur à son auteur. L'*Atlas* qui l'accompagne est un complément des plus heureux; à lui seul il suffirait pour faire d'excellents musiciens et les mettre à même de cultiver avec fruit ces beaux et célèbres solféges du Conservatoire, qui, grâce à vos soins, vont recevoir une nouvelle consécration du monde artistique. Le succès de ces ouvrages est donc assuré, et, pour ma part, dans ma petite sphère, je me promets bien d'en faire usage et de les faire adopter dans nos maisons d'éducation. »

Ainsi, on le voit, tous les collègues de M. Éd. Batiste, tous les conservatoires de nos départements, les lycées et institutions religieuses, approuvent et adoptent non-seulement la nouvelle édition des *Solféges classiques du Conservatoire*, mis à la portée de tous, mais aussi le *Petit Solfége mélodique* et l'*Atlas* des 50 *tableaux* destinés à servir d'introduction à ces grands solféges. C'est qu'en définitive, et on ne saurait trop le redire, tous ces solféges, petits et grands, sont applicables à toutes les méthodes d'enseignement. La partie pratique en est remarquable, indispensable à tous les titres; et n'est-ce point par la pratique de bons solféges que l'on arrive à faire de bons musiciens?

Laissons à chacun le soin d'exposer et de professer sa *théorie*; c'est surtout en pareille matière que l'on peut dire que tous les chemins mènent, plus ou moins vite, au but proposé; mais, en fait de musique pratique, il importe de rechercher avant tout les bons solféges, les bonnes méthodes, offrant aux élèves des exercices et leçons bien gradués, bien écrits, bien accompagnés, groupés et présentés de manière à développer simultanément la voix et le sentiment de la mélodie et de l'harmonie.

En ce qui touche l'*harmonie*, et comme introduction à tous les traités d'harmonie, le comité des études du Conservatoire vient d'approuver, pour l'étude complémentaire du solfége, le *Petit Solfége harmonique* d'ÉDOUARD BATISTE, ouvrage conçu sur un nouveau plan essentiellement pratique et destiné à précéder les grands solféges d'ensemble de CHERUBINI, MÉHUL, CATEL, GOSSEC (3° livre). « Le *Petit Solfége harmonique* d'ÉDOUARD BATISTE est appelé à rendre d'importants services, non-seulement aux classes élémentaires du Conservatoire, mais aussi aux autres écoles et aux orphéons, en initiant les élèves à l'étude logique et raisonnée de la musique chorale qui a pris depuis quelques années, un si grand développement en France. » (Extrait du Rapport du Comité des études.)

N. B. La belle collection des Solféges du Conservatoire, format partition in-8°, avec transpositions pour les jeunes voix et la remarquable réduction des basses chiffrées pour piano et orgue, de M. Édouard Batiste, vient de s'enrichir de deux volumes comprenant les leçons choisies des célèbres solféges d'Italie. Ces leçons, de vrais chefs-d'œuvre, signés : Durante, Hasse, Léo, Mazzoni, Scarlatti, etc., forment deux mélodieux recueils (n° 1, pour baryton ou contralto; n° 2, pour ténor ou soprano), auxquels succède le 6° volume des Solféges du Conservatoire, consacré à l'étude de toutes les clefs. M. Édouard Batiste a réuni, dans ce 6° volume, les plus remarquables leçons des quatre premiers livres, écrites sur toutes les clefs et à changements de clefs, avec exercices préliminaires et un tableau général des voix et rapports des différentes voix entre elles. Les basses chiffrées de ces leçons de Cherubini, Méhul, Catel, Gossec etc., sont également transcrites pour piano et orgue. Ce 6° volume, destiné à précéder les derniers Solféges de Cherubini, est publié en deux éditions in-8°, avec et sans accompagnement, édition populaire à bon marché.

Pour l'étude spéciale *des clefs*, les artistes trouveront aussi dans la collection des *Solféges du Conservatoire* (avec piano ou orgue, comme avec basse chiffrée) les derniers Solféges de Cherubini, admirables leçons dont il a été fait un volume spécial (clef de sol) pour m.-soprano ou ténor. Aux voix de basse, baryton ou contralto, se recommande le 9° livre, composé des plus belles leçons des Solféges du Conservatoire, avec accompagnement de piano ou orgue, et en édition populaire sans accompagnement.

Annonçons aussi la publication définitive et complète des *Tableaux géants* de lecture musicale, destinés par M. Édouard Batiste, à l'étude des classes d'ensemble, dans nos orphéons, lycées, séminaires et couvents. Déjà, dans les magasins du *Ménestrel*, on peut voir fonctionner l'appareil on ne peut plus simple de cette reproduction géante des 50 TABLEAUX-TYPES du Petit Solféce d'Édouard Batiste, ainsi que de 7 Tableaux *bis* et 3 Tableaux consacrés aux accords et modulations, total : 60 TABLEAUX, publiés en deux séries ou rouleaux-cartes de 30 Tableaux, se succédant sans interruption : 15 Tableaux au *recto*, 15 Tableaux au *verso*. — Ces rouleaux-cartes se placent sur deux montants à crémaillère fixés au mur de la classe; ils se développent au moyen d'une seule manivelle mobile, de haut en bas et de bas en haut (sur une largeur d'un mètre 60 et une hauteur d'un mètre 80). Le troisième rouleau, vide, celui d'en haut, est fixé à la hauteur même de chaque tableau de 12 portées, de manière à en permettre le développement complet. C'est le rouleau de transmission.

Le prix net des 60 TABLEAUX, avec l'appareil complet, est de 100 francs.

On sait que ces précieux Tableaux, formant l'indispensable atlas du Petit Solfége théorique et pratique de M. Édouard Batiste, sont publiés: 1° en un recueil format oblong, jésus musique, avec accompagnement de piano ou orgue, pouvant servir aux classes de quatre à dix élèves, au prix net de 5 fr.; 2° en petit format oblong, sans accompagnement, édition populaire, au prix réduit de 2 fr. 50 c. De plus, il vient de paraître une deuxième édition populaire du *Petit Solfége mélodique* d'ÉDOUARD BATISTE, divisé en trois livres, du prix net d'UN FRANC, et comprenant les *Tableaux de lecture musicale*; cette édition spéciale est réservée aux élèves des orphéons, lycées et séminaires. Comme on le voit, les éditeurs des Solféges et Méthodes du Conservatoire ont voulu rendre accessibles à toutes les bourses comme à toutes les voix, les classiques de la lecture musicale. Ils ont voulu aussi faciliter l'étude du grand Solfége d'ensemble du Conservatoire, et celle des traités d'harmonie et d'accompagnement de CATEL, DOURLEN et CHERUBINI, par la publication d'un *Petit Solfége harmonique* qui en sera la préparation indispensable, ainsi qu'en témoigne le rapport ci-dessous publié du comité des études du Conservatoire.

CONSERVATOIRE IMPÉRIAL DE MUSIQUE ET DE DÉCLAMATION

PETIT SOLFÉGE HARMONIQUE

Par EDOUARD BATISTE

DIVISÉ EN TROIS LIVRES

Le comité des études musicales du Conservatoire, après avoir examiné les trois livres du *Petit Solfége harmonique* d'Édouard Batiste, comprenant : 1° 65 exemples harmoniques, avec leur théorie, et 50 exercices-leçons, à 2, 3 et 4 voix égales, sur les différents accords et les premiers éléments de l'harmonie; 2° 30 leçons, à 2 et 3 voix égales, sur tous les intervalles majeurs et mineurs, et leurs modifications; 3° 25 leçons, à 2 voix égales, dans tous les tons majeurs ou mineurs, mesures simples et composées; approuve cet ouvrage pour l'enseignement complémentaire du solfége. Les élèves y trouveront une excellente préparation aux grands Solféges d'ensemble de Cherubini, Méhul, Catel Gossec, ainsi qu'à l'étude de l'harmonie, reconnue si indispensable à l'éducation musicale des chanteurs et des instrumentistes.

Le Comité a constaté la bonne facture des leçons, leur harmonie correcte et l'excellence des accompagnements, toutes choses d'une si grande valeur dans l'enseignement de la musique.

Conçu sur un nouveau plan essentiellement pratique et traitant avec lucidité des éléments de l'harmonie, le *Petit Solfége harmonique* de M. Édouard Batiste est appelé à rendre d'importants services, non-seulement aux classes élémentaires du Conservatoire, mais aussi aux autres écoles et aux orphéons, en initiant les élèves à l'étude logique et raisonnée de la musique chorale, qui a pris, depuis quelques années, un si grand développement en France.

Signé : AUBER, de l'Institut, directeur du Conservatoire, *président;*
AMBROISE THOMAS et HENRI REBER, de l'Institut, *professeurs de composition;*
VICTOR MASSÉ, *professeur de composition;*
FRANÇOIS BAZIN, *professeur d'harmonie et accompagnement;*
F. BENOIST, *professeur d'orgue et d'improvisation;*
ÉMILE PERRIN, GEORGE HAINL, DAUVERNÉ, J.-B. WEKERLIN.

A. DE BEAUPLAN, *commissaire impérial.*

Le Secrétaire du Conservatoire, ALF. DE BEAUCHESNÉ.

SOLFÉGES DU CONSERVATOIRE

TABLES DES MATIÈRES

Iᵉʳ LIVRE

INTRODUCTION AUX SOLFÉGES DU CONSERVATOIRE

PETIT
SOLFÉGE THÉORIQUE ET PRATIQUE
PAR ÉDOUARD BATISTE

—

THÉORIE

CENT LEÇONS MÉLODIQUES

ET PROGRESSIVES

DU PETIT SOLFÉGE D'ÉDOUARD BATISTE

Leçons pour l'analyse des Modulations

Pages.

Leçons sur les diverses Tonalités et les diverses Mesures

Étude de la clef de Fa quatrième ligne

ATLAS DES 50 TABLEAUX
DE
LECTURE MUSICALE
DU
PETIT SOLFÉGE
D'ÉDOUARD BATISTE

Pages.

Clavier du piano.

SOLFÉGES D'ITALIE

LEÇONS CHOISIES DES GRANDS MAITRES

AVEC ACCOMPAGNEMENT DE PIANO OU ORGUE

par

ÉDOUARD BATISTE

1er LIVRE

BARYTON OU CONTRALTO

2me LIVRE

TÉNOR OU SOPRANO

Paris. — Typ. Morris et Comp., rue Amelot, 61.

4e LIVRE

5e LIVRE

SOLFÉGES A PLUSIEURS VOIX

6e LIVRE

LEÇONS ET SOLFÉGES

SUR TOUTES LES CLEFS

TIRÉS DES PRÉCÉDENTS SOLFÉGES

7e ET 8e LIVRES

DERNIERS SOLFÉGES DE CHERUBINI

Sur toutes les Clefs et à changements de Clefs

POUR LES EXAMENS ET LES CONCOURS DU CONSERVATOIRE

SOLFÉGES D'ITALIE

LEÇONS CHOISIES DES GRANDS MAITRES

Avec accompagnement de Piano ou Orgue

PAR ÉDOUARD BATISTE

1er Livre	2e Livre
BARYTON OU CONTRALTO	TÉNOR OU SOPRANO

Paris. — Typ. Morris et Comp., rue Amelot, 64.

SOLFÉGES DU CONSERVATOIRE

LEÇONS CÉLÈBRES
de
L. CHERUBINI

Transcrites sur la clef de SOL, avec accl de Piano ou Orgue
par
ÉDOUARD BATISTE.

Extraites
des derniers Solféges
de
CHERUBINI.

Livre X
pour Mezzo-Soprano
ou
TÉNOR.

Andante affectuoso. (♩=76)
№ 2.

FIN.
tr
tr
au signe
jusqu'au
mot fin.

Lent. (♩=50)
N 3.

8
Andante. (♩=104)
Nº 4.

Larghetto. (♩ = 66)
N° 5.
1re fois.
2e fois.

ad libitum.
Andante sans lenteur.(♩=88)
N° 6.

15
Largo. (♪=50)
No 7.
tr

Andantino. (♩ = 80)
Nº 8.

mesuré.
ad libitum mais sans lenteur.
Lent.
Lent.
Larghetto affectuoso.(♩=60)
N° 9.

1re fois.
2e fois.

20
Lent. (♩=50)
№ 10.

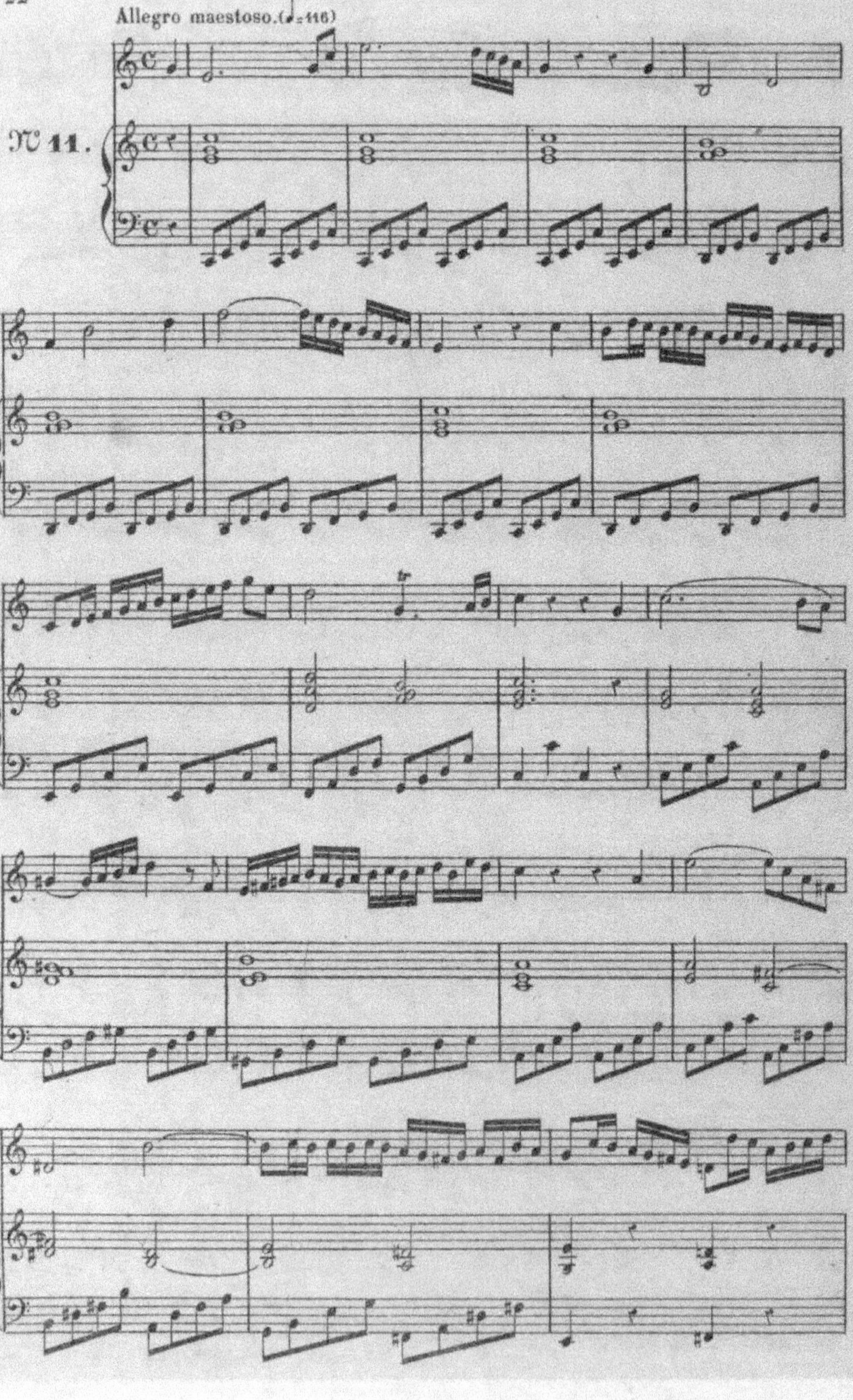
Allegro maestoso. (♩=116)
№ 11.
tr

Andantino. (♩ = 92)
№ 12.

1re fois.
2e fois.

Allegretto. (♩ = 126)
N° 13.

N° 14.

tr
FIN.
tr
D.C. au 𝄋
jusqu'au
mot fin.

Moderato assai.(♩=72)

N° 15.

Allegro. (♩ = 120)

Scherzoso. (♩=100)
№ 16.
№ 16.

Larghetto. (♩=52)
N° 17.
FIN.

D.C.
jusqu'au
mot fin.

Larghetto. (♩ = 66)
N° 18.

44
Adagio (♩.=56)
N° 19.

Sostenuto. (♩=66)
N° 20.

Allegretto. (♪=112)

N° 21.

Andante. (♩ = 56)
№ 22.

Allegro maestoso.(♩=120)
N° 23.

Andantino. (♩=72)
N° 24.

Larghetto.(♩=56)
№ 25.

Allegro moderato (♩=152)

Andante grazioso.
№ 26.

Andante. (♩=108)
№ 27.

68

Allegretto.
№ 28.

Andante con moto.
N° 29.

Allegro.
N 30.

Allegro moderato.(♩=132)
N° 31.

№ 32.

ralentissant.

Largo. (♩=50)
N° 33.
p
tr

Allegro moderato.(♩=126)

Andante. (♩=66)
Nᵒ 34.

Allegretto con moto. (♩. 126)
N° 35.

Andante con moto. (♩=104)
№ 36.

Adagio. (♩= 56)

N° 37.

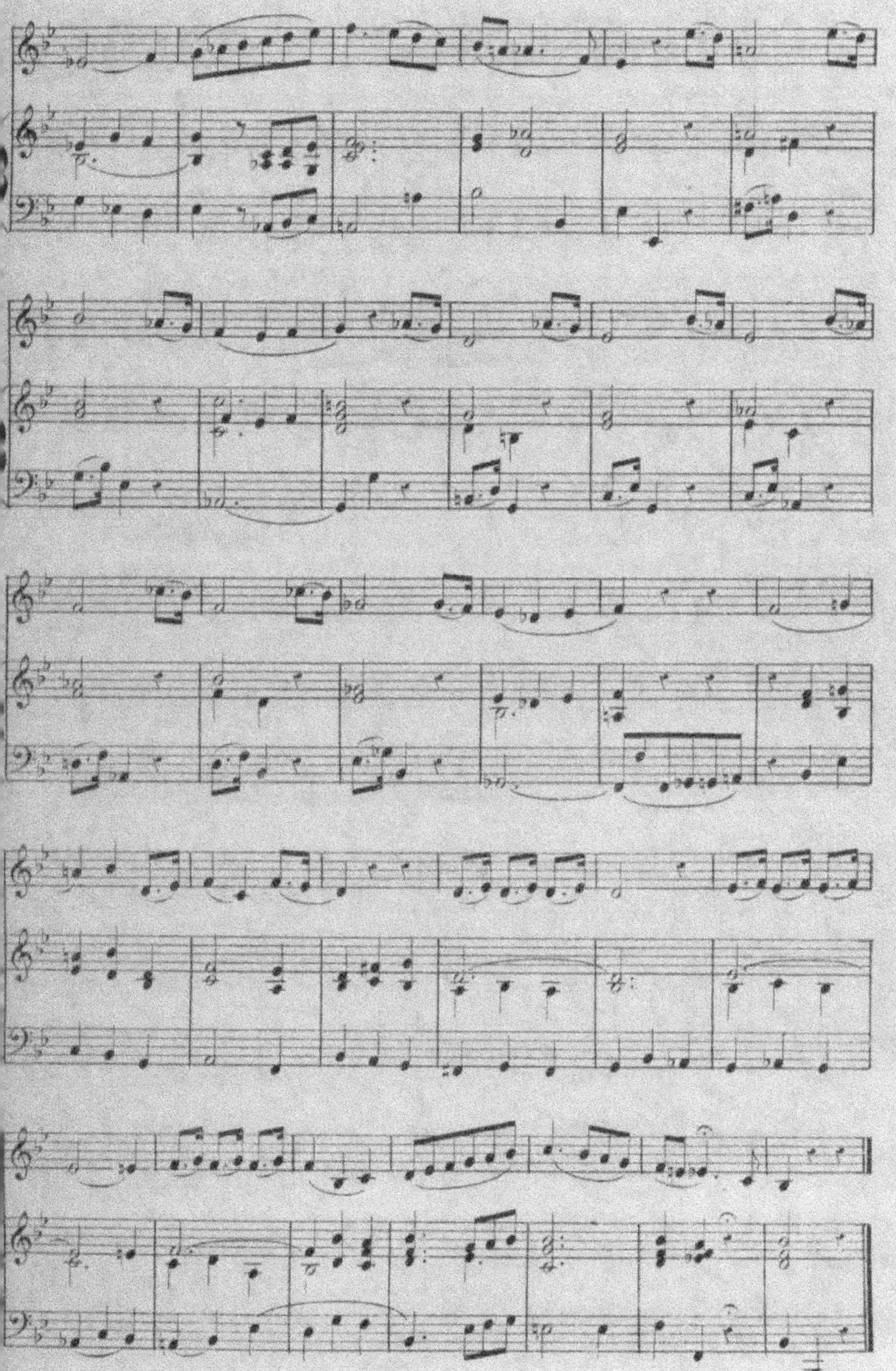

Allegro.(♩.=152)
N° 58.

Sostenuto. (♩ = 56)
Nº 39.

Allegro.(♩=144)

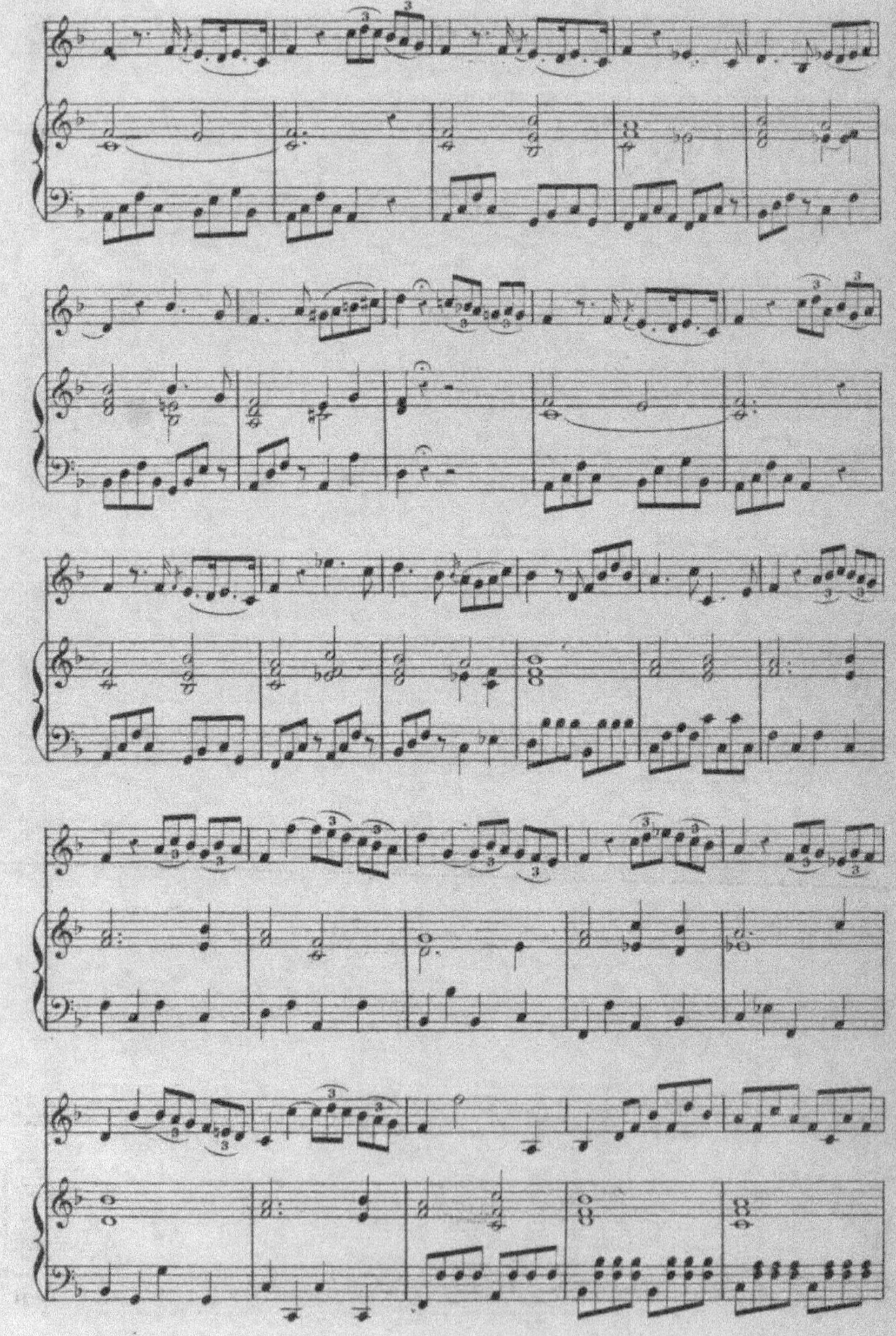

Andante. (♩=100)
N° 40.

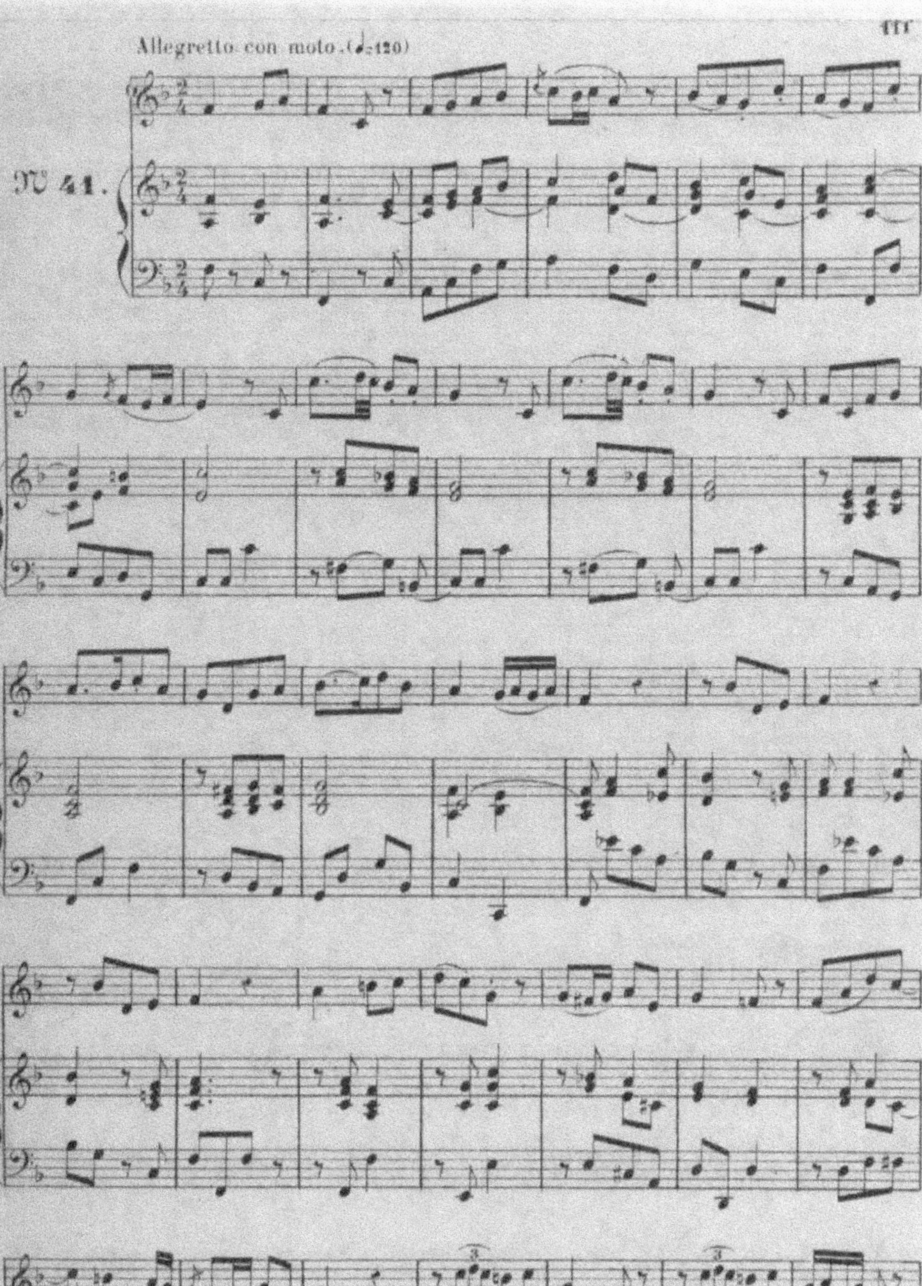

Allegretto con moto. (♩=120)
N° 41.

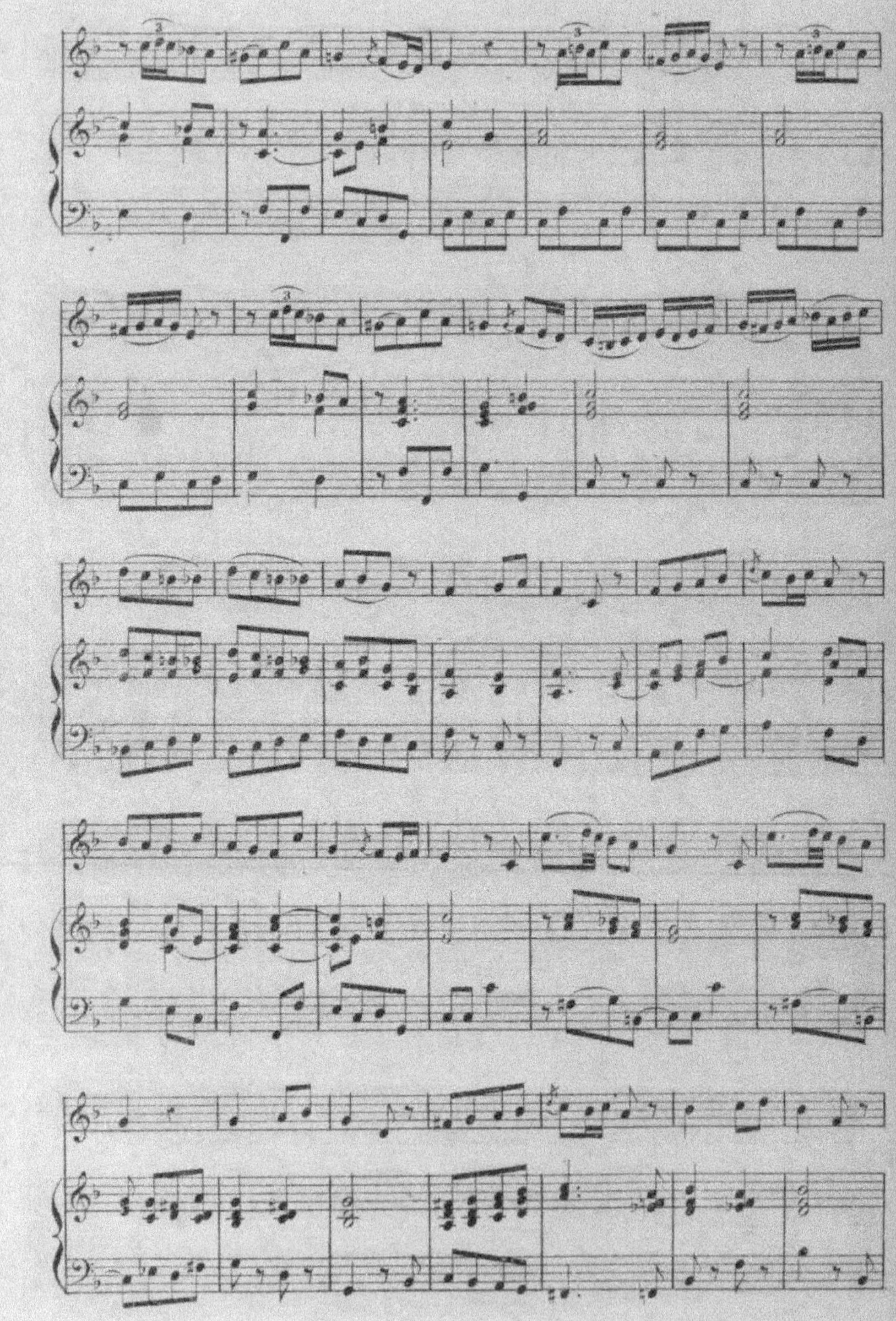

Allegro moderato. (♩=100)
№ 42.

Andante con moto.(♩=116)
N°43.

Allegretto sans lenteur.
Nº 44.

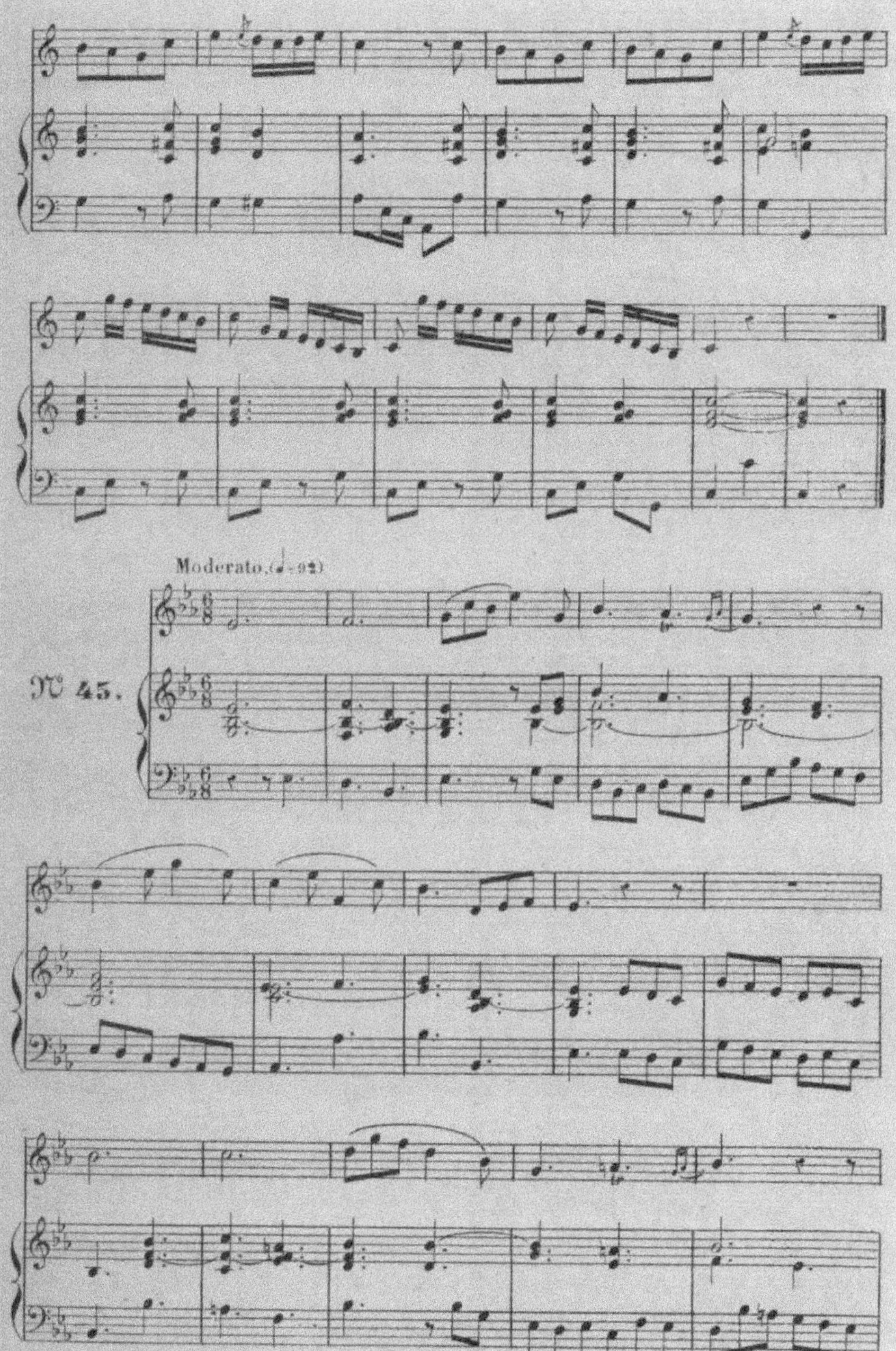
Moderato,(♩=92)
№ 45.

Allegro.
Nº 46.

Moderato. (♩=120)
No 47.

Allegro moderato (♩=132)
№ 48.

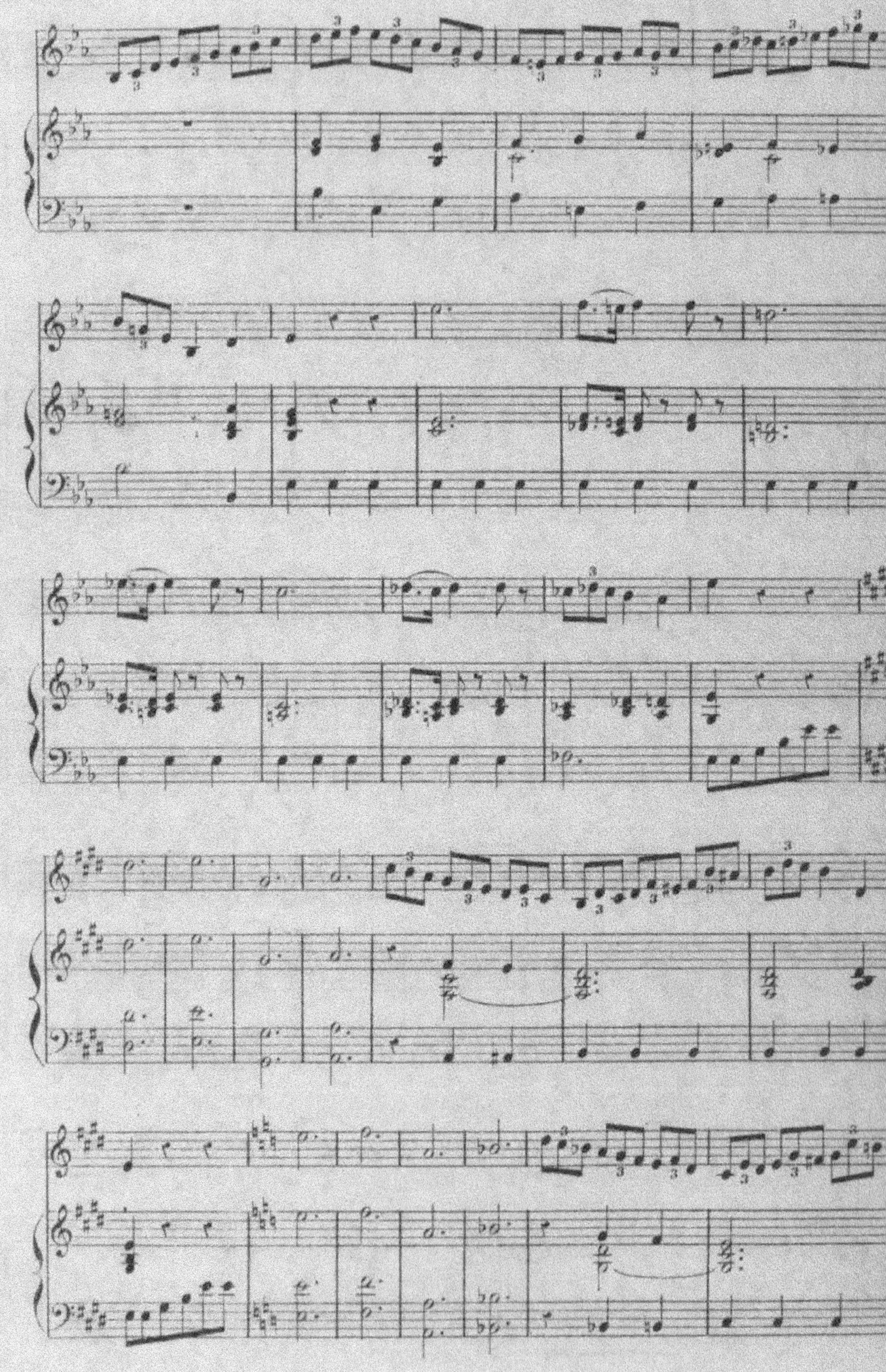

Pressez le mouvement.

N° 49.

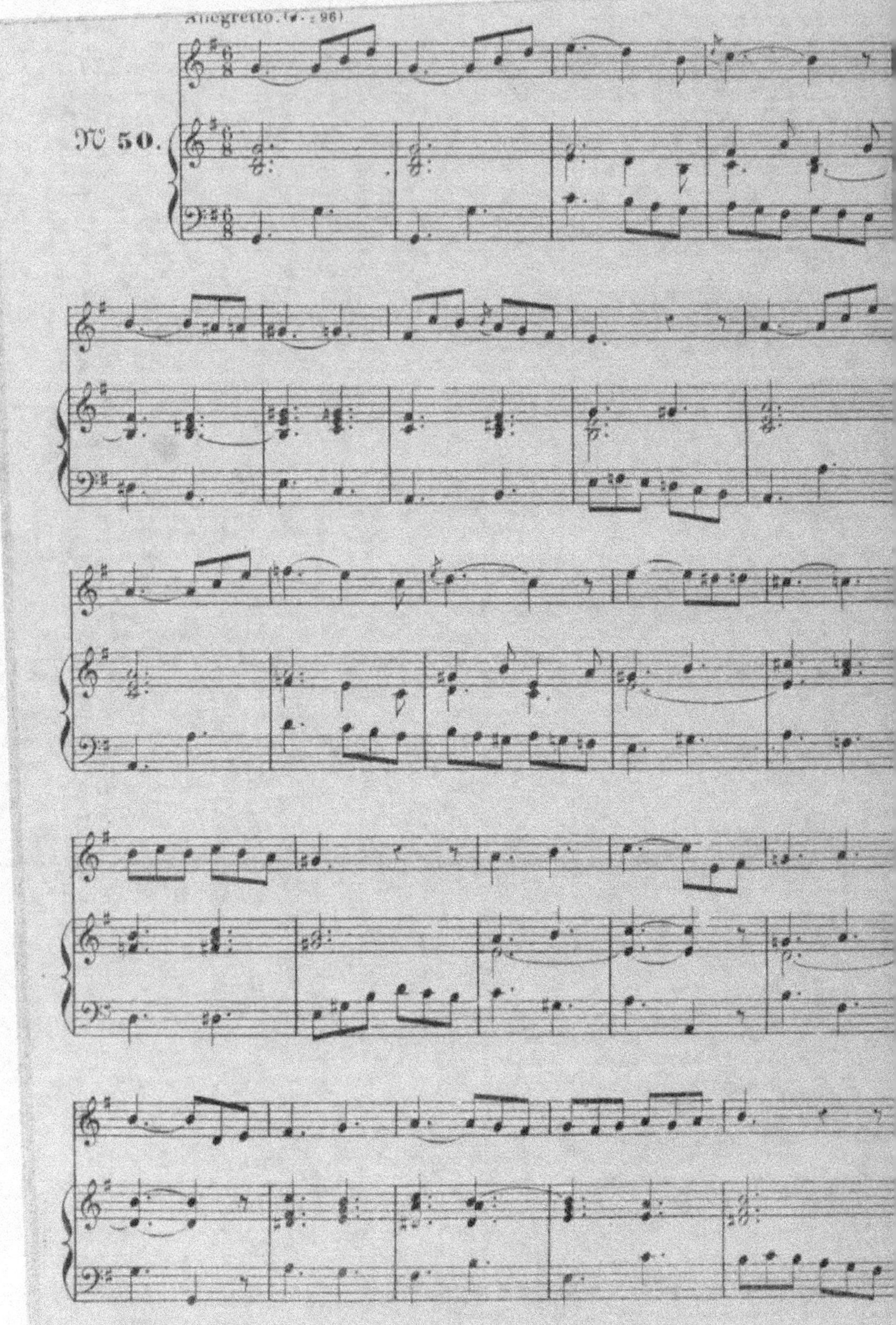

Allegretto. (♩ = 96)
N° 50.
N° 50.

Allegro.(♩=100)

Allegretto. (♩ = 96)
N? 51.

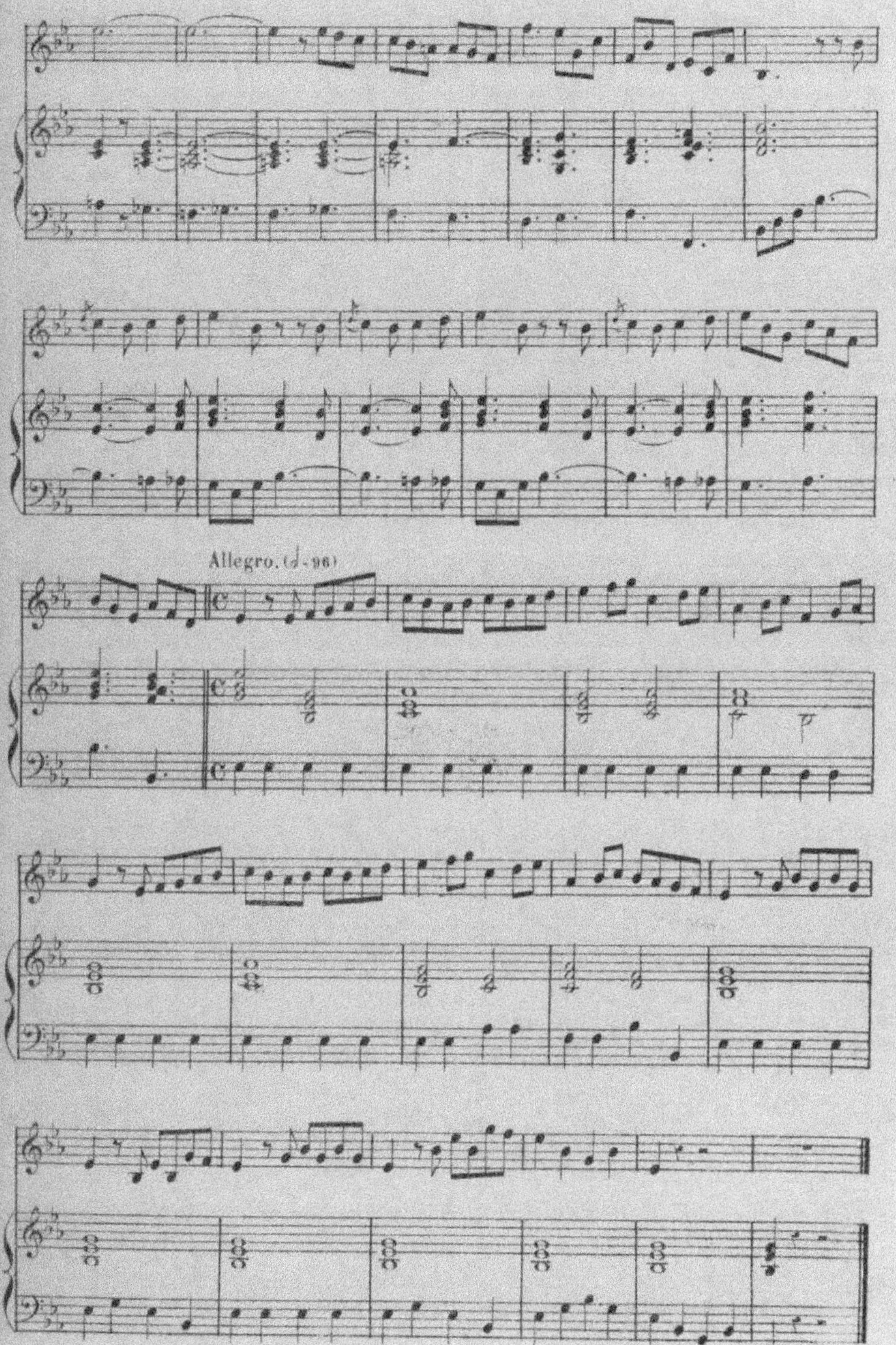
Allegro. (♩=96)

Allegro moderato. (♩=120)
N° 52.

Plus vite.

Allegretto. (♩ = 112)

№ 54.

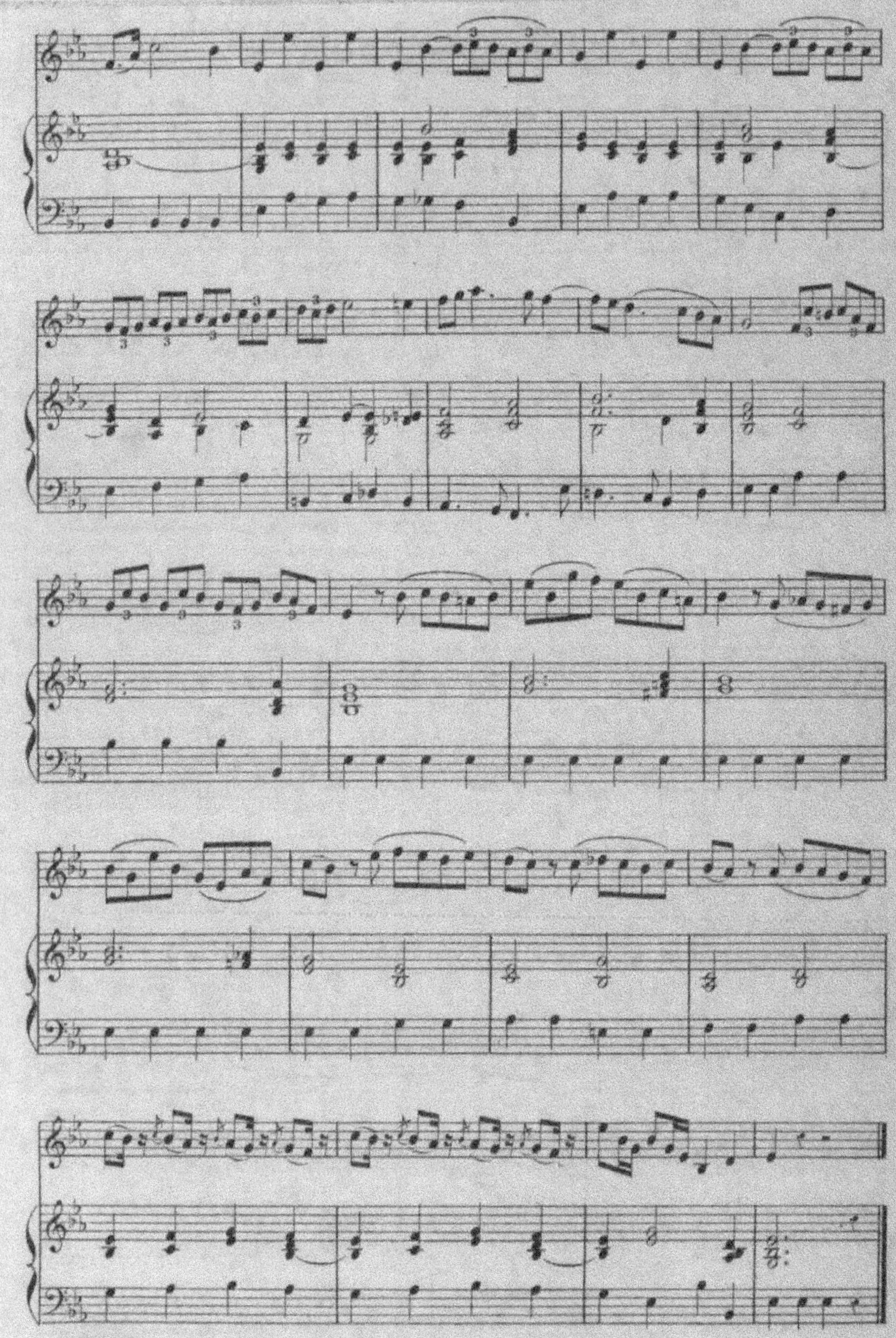

Allegro moderato. (♩ = 120)
N° 55.

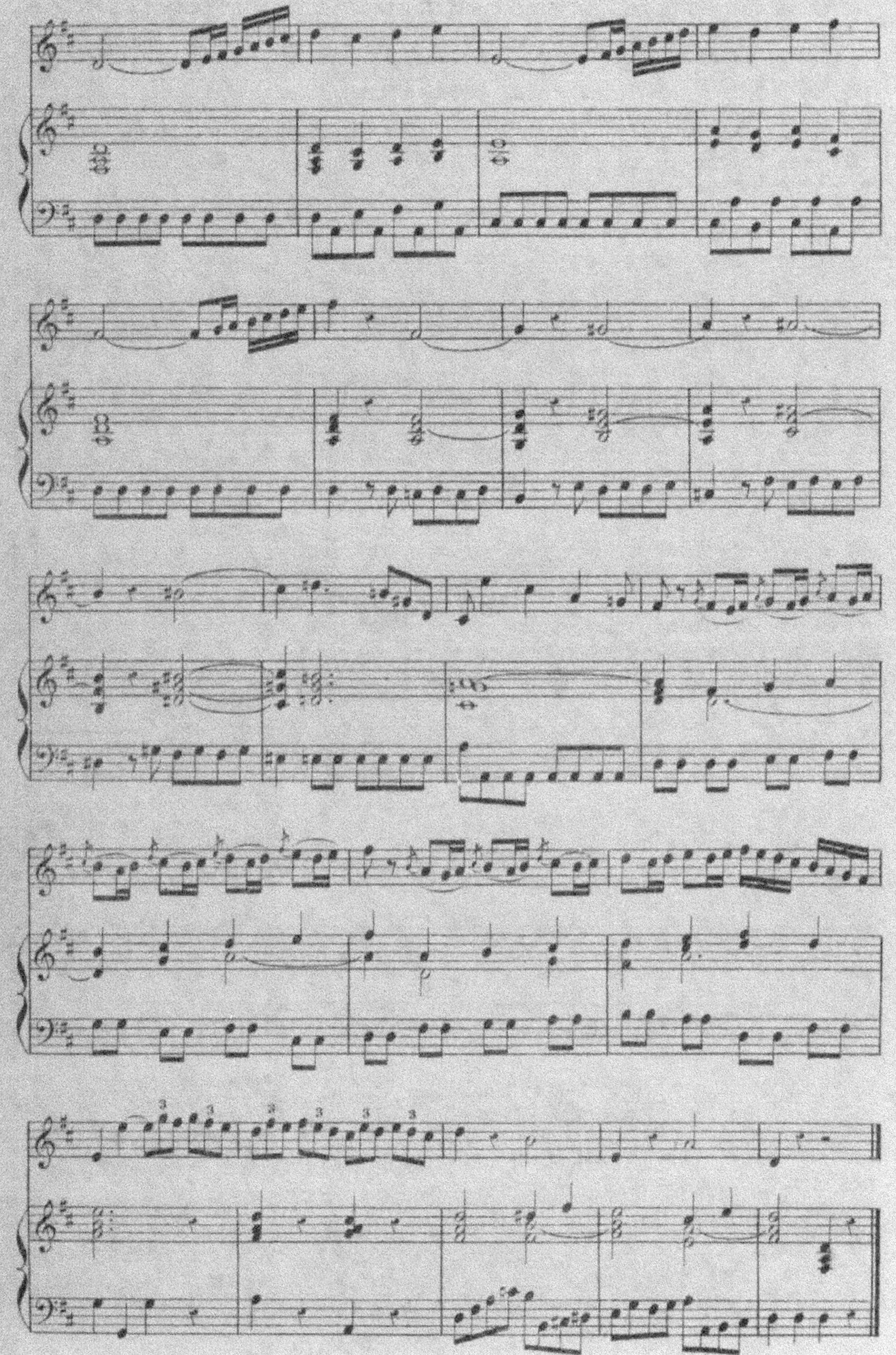

Moderato.
N 56.

Larghetto.
№ 57.

Allegro moderato.

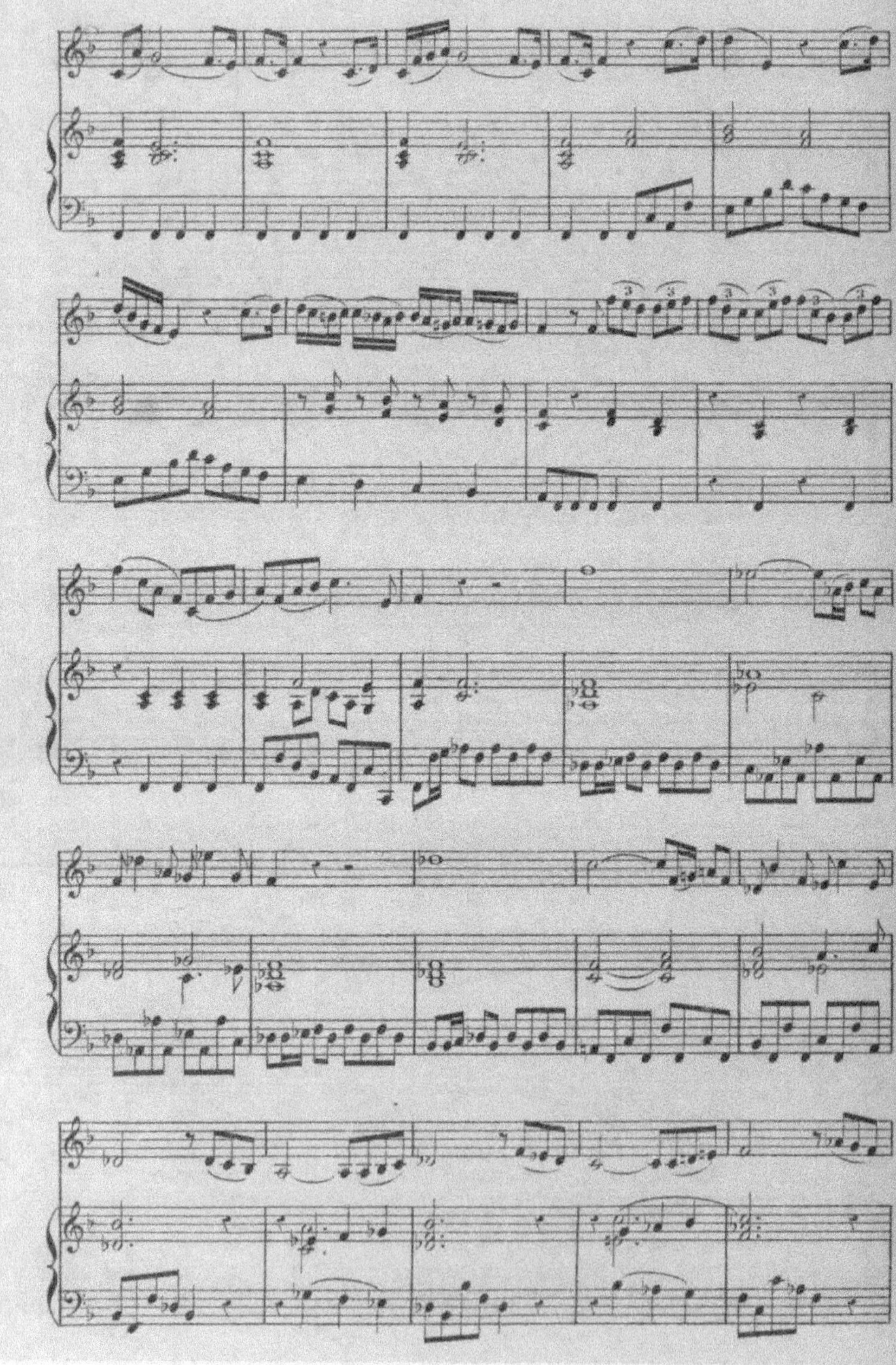

Allegro.
Nᵒ 58.

Allegro.
N 59.

Andantino.

№ 60.

Andante con moto.

MINEUR.
Encore plus vite.
MAJEUR.

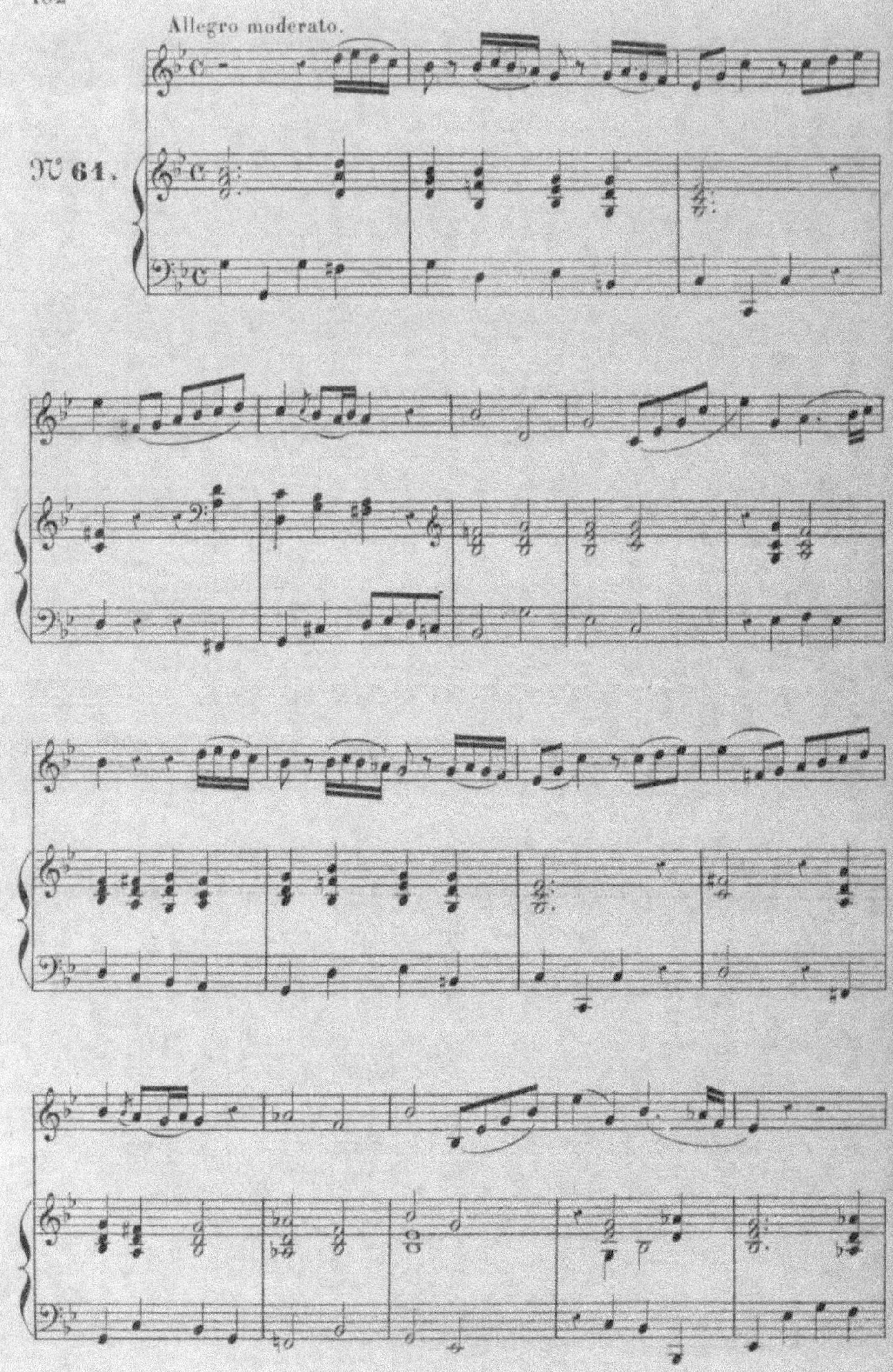
Allegro moderato.
№ 64.

Allegro moderato.
N° 62.
Toujours le même mouvement.

№ 65.

Allegretto.
Nᵒ 64.

Allegro.
N°65.

Allegretto.
№ 66.

Allegro.
No 67.

Andante con moto.
№ 68.

Allegro.
N° 69.

Allegro vivace.
№ 70.

FIN.
(Baudon, Grav.)